Kerzen, Wunder, Himmels-Zunder

Lustige und besinnliche Gedichte und
Geschichten zur Advents- und Weihnachtszeit

Vera Hewener

Edition Calamus

Über das Buch
Advent ist die Zeit der Vorbereitung auf das Weihnachtsfest, eine Zeit des Erwartens. Was geschieht, wenn das Jesuskind unter Strom steht? Warum verschenkt Nikolaus die Rose von Jericho? Suchen wir nicht jedes Jahr nach den richtigen Geschenken und gibt es wirklich noch Wunder? Amüsante und zugleich besinnliche Geschichten und Gedichte zur Advents- und Weihnachtszeit. Mit Übertragungen traditioneller Weihnachts- und Kirchenlieder in die moselfränkische Mundart.

Über die Autorin
Vera Hewener erhielt für ihr Werk mehrere internationale Auszeichnungen und Literaturpreise u.a. „Superpremio Cultura Lombarda" vom Centro Europeo di Cultura Rom (I) 2001, den „Grand Prix Européen de Poésie" von CEPAL Thionville (F) 2005, Trophäe Goethe 2007, Goethepreis 2013, Trophäe Mörike 2015, zuletzt Wilhelm-Busch Preis 2017.

Pressesplitter
"Vera Hewener versteht es meisterlich, Fiktion und Realität miteinander zu verknüpfen. Im Stück „Gans oder gar nicht" jongliert sie mit einem einzigen Buchstaben wie einst Loriot und sorgt für herzhafte Komik... Sprachspielereien, Verwechslungskomödien, auch mit Wiener Schmäh, Familiengeschichten wie „Seife in Aspik" oder „Von Weihnachtspuppen und anderen Gaben" gewinnen der Adventszeit ganz besondere Momente ab.
Buchtipp Die Woch 11.10.2017 "Kerzen, Wunder, Himmels-Zunder"

Kerzen, Wunder, Himmels-Zunder

Lustige und besinnliche Gedichte und
Geschichten zur Advents- und Weihnachtszeit

Vera Hewener

Edition Calamus

Die Deutsche Bibliothek verzeichnet diese Publikation in der Deutschen Nationalbibliografie; detaillierte bibliografische Daten sind im Internet abrufbar unter
www.http://dnb.dnb.de .

© BoD - Books on Demand GmbH. Alle Rechte vorbehalten. Das Werk, einschließlich seiner Teile, ist urheberrechtlich geschützt. Jede Verwertung ist ohne Zustimmung des Verlages und des Autors unzulässig. Dies gilt insbesondere für die elektronische oder sonstige Vervielfältigung, Übersetzung, Verbreitung und öffentliche Zugänglichmachung.
© Fotografie Titelseite Vera Hewener

Herstellung und Verlag:
BoD - Books on Demand
In de Tarpen 42
D- 22848 Norderstedt

Printed in Germany
2. Ausgabe 2019
ISBN 9783738629682
8,00 €

Inhalt

Das Krippenspiel 7
Der doppelte Ochse oder das Wunder von Saarlouis 9
Gans oder gar nicht 14
Die Rose von Jericho 17
Awe Maria zaat 21
Marias Lob 22
Verkündigung 23
Seife in Aspik 24
Nacht im Schnee 30
Wenn Christrosen blühen 31
Än Reeschen dat gewaas woa 32
Die Krippe von St. Blasius 33
Wenn Glühwein in den Kesseln gärt 37
Nussknacker und Haselmaus 38
Der schwarze Nikolaus 40
Die Nikolausverschwörung 41
Und käm das Kindlein heut zur Welt 47
Das reumütige Rentier oder das Wunder von Saarbrücken ... 49
Saarbrücker Christkindlmarkt 54
Ein Wunder für ein Himmelreich 55
Weihnachtsmarkt in Püttlingen 58
O heilige Nacht 60
Lawinenwarnung 62
Stille Schritte 63
Dann fällt doch Schnee 64
Awa Heidschi Bumbeidschi 66
Himmel tau uf den Gerechten 67
Drei Weihnachtsmänner 68
It gift jò gleich dunkel 73
Das Weihnachtskonzert 74
Ein Stern leuchtet in Dunkelheit 78
Schöne Bescherung 79
Der Weihnachtsbaum 82
Ein Wunder 84
Deckname Weihnachtsmann 85
Als am Heiligen Morgen der Notarzt kam 90
Iwarall is Weihnacht, freien eich 92

Wem ist das Kind 94
Das ist nicht mehr feierlich! 95
Weihnachtswunder 97
Von Weihnachtspuppen und anderen Gaben 98
Weihnachtszeit in Köllerbach 104
Heilige Nacht 105
Hier ist heut Nacht ein Kind geboren 106
Allezeit Weihnachten 108
Die Botschaft 111
Oh käm zu uns noch einmal einer 112
Vieni Gésu, reste per noi 113
Bücher von Vera Hewener 115

Das Krippenspiel

In Stachelfrüchten der edlen Kastanien
gedeihen schon prächtig Maronen.
Das Röstgut der nahenden Weihnachtszeit
kann sich vor dem Platzen nicht schonen.

    Die Märkte verplanten die Stände bereits,
    das Krippenspiel emsig geprobt,
    die Spielproduktion auf Hochtouren läuft,
    wer ackert, wird auch gelobt.

Erst gestern entschloss sich der kleine Fritz,
beim Krippenspiel auch aufzutreten,
er wollte einer der Hirten sein
und an Christkindleins Hüttchen beten.

    Den Ochs spielte Moritz, den Esel Marie,
    die Mütter nähten Kostüme,
    sie stampften und schnauften voll Übermut,
    mit Stolz sprach der junge Mime.

Das Christkind im Krippchen war eine Puppe,
ganz neu, eine Supermoderne.
Sie lachte und weinte, nässte und trank,
dass die Jugend die Pflege erlerne.

    Am vierten Advent war es endlich so weit,
    das Ensemble geschminkt und geschmückt,
    ein Toi, Toi, Toi links, ein Toi, Toi, Toi rechts,
    dass die Aufführung auch allen glückt.

So standen der Ochs, der Esel und Fritz
um das Krippchen und spielten vorzüglich,
es knieten Maria und Josef davor,
das Stück für die Gäste vergnüglich.

Als der Stern am Himmel vorüberzog,
strahlten elektrische Funken,
er blitzte und sprühte und streute zuhauf,
bis ins Krippchen er hingesunken.

Da fing die Puppe zu lachen an,
es roch nach kokelnden Windeln,
sie jaulte und weinte und hüpfte im Stroh.
Wollt die Puppe sich Beifall erschwindeln?

    Oder war das Jesulein gar verwirrt
    durch das heilige Krippenspiel?
    Es bäumte sich auf und rüttelte sich,
    bis es wieder ins Stroh niederfiel.

Der Hirte eisern sein Liedchen vortrug,
die Stalltiere wieherten auf.
Maria und Josef die Puppe festhielten
und legten den Schleier darauf.

    Als plötzlich ein Kind sich vor Lachen bog,
    da lachte der ganze Saal.
    Sie prusteten laut, es bebte das Haus,
    das Puppenspiel ließ keine Wahl.

Des Rätsels Lösung: technischer Defekt.
Die Funken entfachten den Kurzschluss.
Die Batterien entluden sich ganz,
die Puppe geriet unter Stromfluss.

    Statt Andacht herrschte laute Plaisir
    mit herzhaftem Amusement.
    Dem Kind hat's gefallen, denn Freude war,
    gepaart mit Félicitation.

Der doppelte Ochse oder das Wunder von Saarlouis

Saarlouis, heimliche Hauptstadt des Saarlandes, benannt nach dem sogenannten Sonnenkönig Frankreichs Louis XIV. (er ließ diesen Ort 1680 als Festungsstadt von Baumeister Vauban errichten), eroberte sich vor einigen Jahren zum Leidwesen der Stadtväter und der einheimischen Bevölkerung einen eher unrühmlichen Namen. Am Morgen des Heiligabends trafen Heerscharen zunächst vorwiegend junger Menschen in der Altstadt ein, um ausgiebig zu feiern.

Die Nebenwirkung dieser Veranstaltung, die übrigens ohne werbeträchtiges Zutun von Presse, Facebook & Co. entstanden war, weshalb sie auch als „Phänomen von Saarlouis" in die Zeitungsjournale einging, waren Alkoholexzesse und Handgreiflichkeiten mit der Folge, dass Weihnachten für die Familien der volltrunkenen Jugendlichen zum Alptraum geriet. Die Hinterlassenschaften der Feier: Berge von Müll, stark verschmutzte Straßen und Hauseingänge in der Altstadt. Sie sorgten zusätzlich für Überstunden des Reinigungspersonals der Stadt und der Anwohner.

An solch einem unheiligen Heiligmorgen büxte einem Lisdorfer Bauern ein Ochse aus. Das Rindvieh war es leid, den ganzen Dezember bis am Tag vor Heiligmorgen den Weihnachtskarren oder besser gesagt, die festlich geschmückte Kutsche durch die Stadt zu ziehen, und zwar immer vom Kleinen Markt, wo sich der Weihnachtsmarkt befand, bis hin zum Großen Markt und wieder zurück. Nicht nur, dass man das edle Tier in seiner Jugend seiner Männlichkeit beraubt hatte, es wurde von seinem Bauern immer nur von einer Arbeit zur nächsten getrieben. Dabei gestand man ihm die Schonfristen der menschlichen tariflichen Lohnbeschäftigten nicht zu, weder Urlaub noch Sonderurlaub.

Der Ochse Ludwig, so hatte ihn sein Bauer getauft, war das angesehenste Zugtier seiner Ochsen. Wie sein Name schon sagte, war er der König der Ochsen im Stall. Leider hatte der Bauer vergessen, ihn auch wie einen König logieren zu lassen und zu füttern. Es gab keine Extravaganzen.

Damit konnte sich Ochs Ludwig noch abfinden. Aber dass er vier Wochen lang lärmende Menschen zu deren Erbauung transportieren musste, ohne dafür auch nur den Hauch einer Anerkennung zu erfahren, hatte ihn so erbost, dass er in diesem Jahr beschloss, sich auch einmal einen Heiligmorgen zu gönnen. So trat er am vierundzwanzigsten Dezember mit aller Kraft gegen die Stalltür, bis sie aufsprang, nahm etwas vom herum liegenden Weihnachtsschmuck zwischen die Hörner und trabte nach Saarlouis in die Innenstadt. Der Weg dorthin war ihm ja bestens bekannt.

Am Kleinen Markt nahm er die Verwunderung der Passanten wahr. Manche meinten, dass es sich um eine neue touristische Attraktion handelte, als ein einzelner Ochse, dekoriert wie ein Weihnachtsbaum, über den Weihnachtsmarkt lief. Womöglich war dies ja so eine Sache wie das Passionsspiel mit dem Kreuzweg Via Crucis, für welches Saarlouis über die Landesgrenzen hinaus bekannt war. Später würde sich sicher ein Esel hinzugesellen oder andere Tiere und die ganze Prozession würde an der Ludwigskirche enden. Ochs Ludwig hingegen nahm zwar das irritierte Staunen und die Ausrufe der Kinder wahr, konnte sich darauf aber keinen Reim machen.

Unbehelligt ob der Einschätzung der Passanten trottete er weiter und bog in die Altstadt ein. Sein Schnaufen, er musste mal Luft schnappen nach der ganzen Anstrengung, denn der Jüngste war er auch nicht mehr, löste sofort Aufmerksamkeit aus. Das Gedränge veranlasste ihn, aufzustampfen, um sich Durchlass zu verschaffen.

Für die jungen Menschen sah dies jedoch aus, als befänden sie sich in einer Arena und ein Stier würde gerade ausholen, Weihnachtsschmuck hin, Weihnachtsschmuck her, um den Matador auf die Hörner zu nehmen. Sie konnten nicht zwischen einem wild geworden Stier und einem abgerichteten Arbeitstier unterscheiden. Schließlich hatte er bereits das Lametta aufs Korn genommen. Sie gerieten in Panik. Lauthals fingen sie an zu schreien, ließen Glühwein, Bier oder was sie sonst gerade in der Hand hielten, auf den Boden fallen und machten sich buchstäblich aus dem Staub. Die Straßenecken leerten sich Schritt für Schritt. Sogar die Wirte und das Personal flüchteten aus Angst vor ihm in die Kneipen hinter die Glastüren und brachten sich so in Sicherheit.

Ochs Ludwig konnte das nicht verstehen. Er wollte mit seinem Scharren doch nur um eine Schüssel Wasser bitten. Man behandelte ihn aber wie einen Aussätzigen, nicht wie einen gewöhnlichen Gast, geschweige denn wie eine königliche Herrschaft auf Sonderurlaub. Seine Augen versanken in der braunen, ledrigen Haut, sein Blick wurde immer tiefer und immer trauriger. So hatte er sich das nicht vorgestellt.

Angesichts dieser Ablehnung wandte er sich ab von den engen Gassen und lief auf den Großen Markt zum Brunnen, wo er sich dann selbst mit Wasser verköstigte. Alles war so seltsam still geworden, keine menschliche Gestalt wollte sich ihm nähern, nicht eine menschliche Seele war mehr zu sehen. Da erblickte er beim Herumstöbern den Eingang zur Ludwigskirche. Schön dunkel war es, so wie in seinem Stall. Dieser Einladung konnte er nicht widerstehen. Er trabte in die Kirche, ging durch den Mittelgang bis hin zum Altarraum. Er entdeckte auf der linken Seite des Kirchenraumes einen Leidensgenossen. Ein Ochse stand da vor ihm in der Kirche. Dies munterte ihn wieder auf. Er stellte sich kurzerhand neben den künstlichen Ochsen an die Krippe und verfiel sofort in die gleiche Starre wie sein Nachbar, um sich auszuruhen.

Stunden vergingen. Es musste wohl kurz vor Mitternacht gewesen sein, als die ersten menschlichen Gestalten in die Kirche kamen. Sie gingen geradewegs an die Krippe und bewunderten die lebensgroße echte Darstellung. Die Krippengestaltung löste bei allen eine freudige Überraschung aus. Gleich zwei Ochsen bewachten das Jesuskind. Die Kinder freuten sich ganz besonders und flüsterten sich zu: „Da stehen ja zwei Ochsen im Stall. Das ist eine wunderbare Ochsvermehrung". Einige wären am liebsten hineingegangen, um die Ochsen und den Esel zu streicheln. Die Erwachsenen hielten sie aber zurück. Schließlich war die Krippe kein Streichelzoo.

Ochs Ludwig nahm die freudige Stimmung auf und empfand dies wie Dankbarkeit, die er doch so schmerzlich vermisst hatte. Als schließlich die Orgel erklang und die Christmette gefeierte wurde, fühlte er sich wie ein König in Frankreich, der Hof hielt. Denn er stand neben dem König der Könige, dem kleinen Jesuskind in der Krippe.

Als die nächtliche Feier endete und der letzte Ton der *Stillen Nacht* des vorzüglich singenden Kirchenchores verklungen war, machte er sich wieder auf den Heimweg. Es war nun sehr dunkel geworden. Das Mondlicht, es schien in dieser klaren Nacht wirklich sehr hell, und auch die unzähligen Sterne, die über ihm leuchteten, begleiteten ihn wie Laternen auf seinem Rückweg.

Am nächsten Morgen sah der Bauer beim Füttern, dass Ludwig zwischen seinen Hörnern noch immer Weihnachtsschmuck trug. Er schmunzelte und dachte, dass sein bester Ochse im Stall sich für die Festtage wohl heraus geputzt hätte und gab ihm einen besonderen Festtagsschmaus.

In der Kirche aber wunderte man sich, dass im Heiligen Hochamt nun ein Ochse fehlte. Denn Dank dieser Attraktion kamen viele der Christmettenchristen noch einmal in die Heilige Messe, was für eine Schlange vor der Kirche sorgte. Sie alle wollten sich von der Ochsenvermehrung überzeugen. Aber nun fehlte er.

Man soll sich erzählt haben, dass wohl in der Christmette ein Wunder geschehen sein musste. Die Zeitungen berichteten diesmal nicht von dem fehlgeleiteten Verhalten junger Menschen sondern von dem „Ochswunder" von

Saarlouis, das dafür verantwortlich gewesen sein soll, dass die Altstadt an diesem Heiligmorgen von dem überbordenden Unrat verschont geblieben war, weil die Besucher die Innenstadt rechtzeitig verlassen hatten. Ein Ochse hätte für Ordnung gesorgt. Zuletzt sei dieser „wundersame Ochse" in der Ludwigskirche während der Christmette gesehen worden. Ob jemals wieder ein doppelter Ochs in besagter Kirche stand, ist leider nicht überliefert.

Man möge mir verzeihen, dass ich den Ordnungsmaßnahmen der Stadt und der Polizei vorgegriffen habe. Aber Wunder geschehen nun mal nicht alle Tage.

Gans oder gar nicht

Kunde: Ich hätte gerne Gans zu Weihnachten.

Verkäuferin: Ja, bitte, was möchten Sie?

Kunde: Ich hätte gerne Gans zu Weihnachten.

Verkäuferin: Sie hätten gerne die Ware ganz, nicht in Stückchen?

Kunde: Nein. Das Ganze natürlich.

Verkäuferin: Aha, etwas Ganzes?

Kunde: Ja selbstverständlich, das Ganze ganz, was denn sonst!

Verkäuferin: Es könnte ja auch sein, dass sie ein halbes Ganzes möchten.

Kunde: Aber ich habe doch gesagt, dass ich das Ganze ganz möchte.

Verkäuferin: Ah ja. Also ganz ganz und nicht halb ganz? Von was hätten Sie denn gerne ein Ganzes?

Kunde: Da sagte ich doch bereits, Gans zu Weihnachten.

Verkäuferin: Bitte, ich verstehe nicht, was sie meinen. Was ist denn ein ganzes Ganz?

Kunde: Was ist denn daran nicht zu verstehen, spreche ich chinesisch?

Verkäuferin: Nein, sie sprechen deutsch, aber etwas unverständlich möchte ich sagen. Wie sieht das ganze Ganz denn aus, können Sie es wenigstens beschreiben?

Kunde: Na, es hat zwei Flügel und wenn es taucht, streckt es das Schwänzchen in die Höh?

Verkäuferin: Aha, sie möchten also alles davon, die Flügel mit dem Schwänzchen?

Kunde: Wollen Sie mich auf den Arm nehmen?

Verkäuferin: Also bitte, Sie sind mir ganz zu schwer.

Kunde: Was, das Ganze ist zu schwer?

Verkäuferin: Nein, Sie sind mir als Ganzes zu schwer.

Kunde: So so. Aber das ist ihr Problem. Ich kann nichts dafür, wenn Sie so schwach auf den Rippen sind. Also bitte, ich möchte alles ganz haben.

Verkäuferin: Also die Flügel und ein Schwänzchen. Von welchem Ganzen stammen die Teile denn ab?

Kunde: Sie reden ja so, als ob ich eine Maschine wollte. Flügel und Schwänzchen gehören zu einem organischen Ganzen. Wenn man es richtig zubereitet, könnte man glatt mit ihr davon fliegen.

Verkäuferin: Sie möchten also eine organische Flugmaschine?

Kunde: Na hören Sie mal, wer brät sich schon zu Weihnachten eine Flugmaschine.

Verkäuferin: Ich weiß es nicht, ich möchte ja keine. Vielleicht soll es ja auch ein Rentier sein, ein fliegendes vielleicht? Allerdings ohne Flügel. Mit dem Schwänzchen müsste ich vorher allerdings den Nikolaus fragen.

Kunde: Rentiere fliegen nicht, um Himmels willen. Sie dumme Gans.

Verkäuferin: Also bitte, ich muss mich nicht von Ihnen beleidigen lassen. Nur, weil Sie nicht wissen, was sie wollen.

Kunde: Aber ich habe doch gesagt, dass ich Gans möchte.

Verkäuferin: Aha, da ist es wieder, ganz und gar nicht. Beschimpfen Sie mich bloß nicht wieder als dumme Gans, Sie ausgewachsener Flegel, Sie!

Kunde: Ja soll ich etwa noch schöner weißer Vogel sagen, Sie Nebelkrähe!

Verkäuferin: Nun ist es aber genug, Sie durchgefallener Flugschüler.

Kunde: Sie können gleich sonst wohin fliegen, Sie dumme Pute.

Verkäuferin: Was, dumme Pute? Das geht entschieden zu weit, das muss ich mir von Ihnen nicht sagen lassen, Sie flügelgestutztes Rentier, Sie Hornochse, Sie. Jetzt habe ich genug von Leuten, die wie die Aasgeier vor meiner Theke kreisen. Fliegen Sie doch davon!

Kunde: Und ich habe genug von Ihrem Schwanengesang, Sie ungezogener schwarzer Vogel, Sie Nachteule, Sie. Hören Sie mal, wenn Sie sich weiter so dumm anstellen, möchte ich den Inhaber sprechen!

Verkäuferin: Als Ganzes oder als Halbes?

Die Rose von Jericho

Sankt Nikolaus, ein kleines, im Wald gelegenes Dörfchen im Saarland an der französischen Grenze mit etwa 800 Einwohnern, seit 1973 als Ortsteil der Gemeinde Großrosseln zugeordnet, beherbergt eines der wenigen Weihnachtspostämter Deutschlands.

Vom 5. bis zum 24. Dezember können Kinder dort Briefe schreiben, sie abgeben, andere Weihnachtspost mit der dort erhältlichen Nikolaus-Sondermarke freimachen oder seine Karten mit einem postgültigen Nikolaus-Sonderstempel versehen lassen. Mehr als 18.000 Briefe aus aller Welt erreichen jedes Jahr Sankt Nikolaus vor Weihnachten. Sie werden alle einzeln von einem Team aus Nikolaushelferinnen und Nikolaushelfern beantwortet. Im letzten Jahr geriet ein syrisches Flüchtlingskind in die Schreib- bzw. Kaffeestube, setzte sich an einen Tisch und begann, einen Brief zu schreiben. Eleonora Faizah schrieb in arabischer Sprache, sie konnte sich noch nicht in der deutschen Sprache verständigen, wenngleich sie mittlerweile einige Worte verstand.

Eleonora trug keinen Schleier, sondern eine weiße Hose, ein blaues Sweatshirt und braune Schuhe. Wären da nicht die samtschwarzen langen Haare und die Funken versprühenden braunen Augen gewesen, hätte niemand vermutet, dass es sich um ein Flüchtlingskind handelte.

Ganze fünfzehn Zeilen schrieb sie auf die untere Hälfte des Blattes. Auf den oberen Teil malte sie zerstörte Häuser, einen Halbmond, einen Kometen mit Schweif, der vom Himmel stürzte und mittendrin einen Nikolaus, der in seinen Händen, die er vor seinem Körper zu einer Schale geformt hatte, ein zusammengerolltes Wurzelgeflecht hielt.

Die eifrigen Nikolaushelferinnen und Nikolaushelfer waren ratlos. Was sollte das wohl bedeuten? Ein ausgetrocknetes zerfasertes Wurzelstückchen in den Händen von

Nikolaus, dargeboten wie ein Geschenk vor einer kriegszerstörten Häuserkulisse? Der Halbmond sollte wohl heißen, dass der Nahe Osten gemeint war. Da es sich um Weihnachtspost handelte, konnte der Brief nicht von einem muslimischen Kind verfasst worden sein oder doch?

Vielleicht stellte das Bild ein Gleichnis dar. Die Helferinnen wollten sich kundig machen und wälzten sich durch Heiligenbücher und Legenden. Allein die Legende der Errettung der unschuldig zum Tod Verurteilten konnte sich auf das Bild beziehen.

Ein besetztes Land, das von den kriegerischen Auseinandersetzungen mehr und mehr zerstört und von den Statthaltern ausgeplündert wurde, was die dort lebenden Menschen in Angst und Schrecken versetzte, Feldherren, die fälschlicherweise des Verrats angeklagt wurden und ein Kaiser, der im Traum von Nikolaus die Wahrheit erfuhr.

Wünschte sich das Kind also, Nikolaus sollte die Terrororganisation IS zur Rechenschaft ziehen und ihnen die Augen über das Unrecht öffnen, das sie den Menschen zufügten und sollte er zugleich den Mächtigen der Welt erscheinen und ihnen kundtun, dass sie den Frieden wieder einkehren lassen sollten um Christi Willen?

Ja Frieden, Frieden war das Allerwichtigste, damit die Menschen wieder zur Ruhe finden und die Geflohenen in die Heimat zurückkehren konnten, um das Land wieder aufzubauen. Das Kind wünschte sich Frieden zu Weihnachten und Nikolaus sollte den Frieden in das Land zurückbringen. Aber was um Himmels Willen sollte das Wurzelstück bedeuten, das Nikolaus als Gabe in den Händen hielt?

Wieder machten sich die Helferinnen und Helfer auf, um irgendwo in den Schriften eine Erklärung finden zu können. War es ein eingegangener Weinstock, der wieder Früchte tragen sollte? In jedem Fall war es eine Pflanze, doch welche war gemeint?

Da sie keine Erklärung fanden, fotografierten sie den Bildausschnitt und stellten ihn ins Internet. Nach kurzer Zeit erhielten sie ganz viele Meldungen. Aber nur eine passte zu dem Bild, die echte Rose von Jericho, die Auferstehungspflanze, die nichts als ein Glas Wasser braucht, um wieder aufzublühen.

Auf der Flucht vor Herodes von Nazareth nach Ägypten soll Maria dieser Pflanze in der Wüste begegnet sein, sie gesegnet und ihr ewiges Leben gewünscht haben, weshalb die Pflanze auch die „Rose der Heiligen Marie" genannt wurde, in Ägypten die „Betenden Hände" oder der „Handballen" Marias. In Algerien soll man sie unter „Id Fatma Bint el Nabi" kennen, was übersetzt bedeutet, „Hand der Fatma, Tochter des Propheten".

Sollte dieses Bild also besagen, dass Nikolaus die Rose der Heiligen Maria vor sich hertrug, um die verwüsteten Dörfer und Städte im Nahen Osten wieder aufleben zu lassen mit einem einzigen Glas Wasser?

Noch einmal nahmen sie den Brief in die Hand. Eleonora Faizah hatte ihn geschrieben. Die Adresse fehlte. Im Buch der Vornamen entdeckten sie, dass Eleonora ein arabischer Name war und „Gott ist mein Licht" bedeutete. Als sie nochmals auf das Blatt sahen, verwandelten sich die arabischen Schriftzeichen in Buchstaben und auf dem Blatt stand geschrieben:

Oh Rose der Heiligen Mutter,
getränkt mit Schweiß und Blut,
verschenke dieser Blüte Sinn
von Syrien bis Ägypten hin,
vom Libanon bis zur Türkei,
weck alle auf und mach sie frei.

Denn Einer ist, der für euch spricht:
Kommt her, die ihr nach ihm verlangt.
Die Frucht erneuert jedes Land,
das er an alle Menschen gab,
für ein Leben in Liebe, nicht für ein Grab.

Die Mutter der Liebe und Gottesfrucht,

der Erkenntnis und heiligen Hoffnung,
schenkte durch Gottes Liebe das Leben.
Nur mit Liebe kann es ein Wunder geben.

Da sie die Adresse nicht fanden, vervielfältigten sie den Brief und schickten ihn an die Mächtigen der Welt. Man erzählte sich, dass sich der Brief jeweils in die Sprache des Empfängers verwandelte, als die Präsidenten ihn öffneten.

Die Nikolaushelferinnen und Nikolaushelfer beschlossen, das Gedicht der Rose von Jericho über der Eingangstür des Weihnachtspostamts aufzuhängen in der Hoffnung, Gott würde sich der Kinder annehmen und Nikolaus würde den Mächtigen im Traum erscheinen und sie zum Frieden ermutigen.

Wer am Weihnachtspostamt zur Tür hinauf blickt, die Augen schließt und an die verlorenen Kinder des Krieges in der Welt denkt, kann den Brief vielleicht sehen und hilft dem Nikolaus, überall auf der Welt die Friedensbotschaft zu überbringen und den Mutigen Unterstützung zu geben.

Moselfränkische Übertragung des Liedes „Ave Maria zart" Musik und Text: Johann Georg Franz Braun, 1675

Awe Maria zaat

Awe Maria zaat,
bau bischt än Rosenart,
lilienweiß, gònz ohne Schaden.
Eich grejßen deich zua Stund
met Gabrieles Mund:
Awe dau bischt so volla Gnaden.

Dem Hekschten seinen Bou,
Maria hascht in Rou
getra im keuschen Schoß, dem reinen.
Da Hälònd, Jesus Chrischt,
dea usa Retta is,
will us trotz aller Sind vereinen.

Nòò usam Sindenfall
vastoß mia woaren all,
valoa uf ewisch mia sin sollten.
Dò hascht dau reine Maat,
wie dia vorhea gesaat,
dem Gott sein Bou geboa, den Holden.

Deswejen Maria,
befehl dem Kind us, saa,
it soll vazeien us dat Schlechte.
Endlich nò all dem Lääd
de ewisch Himmelsfrääd
gewähren us, Gott der Gerechte.

Marias Lob

Maria sang das Lob, da ihr verkündet,
das Gotteskind in ihrem Leib zu tragen.
Sie sang es ohne Angst und ohne Zagen
mit ihrem Mut. Das Licht der Welt begründet

die neue Zeit, in der die Liebe mündet
ins Reich des Herrn, sollten wir es wagen
uns hinzugeben, denn euer Fragen,
Verzweifeln, vor welcher Wahl ihr heute stündet,

hätt' Maria nicht gesungen, bleibt
für immer ohne Antwort. Gottes Sohn
ist gestorben mit der Dornenkron.

Die Seele sich am Unsichtbaren reibt.
Im Irdischen werden wir nicht erfahren,
ob sich im Ewigen die Himmel klaren.

Verkündigung

Durchscheinend wie des Höchsten Licht
tritt er mit einem Hauch hervor.
Fühlt, spürt sie, was sie zart umwirbt
mit Flügeln aus dem Sternentor?

Aus andrer Zeit durch alle Zeiten
ist Gabriel zu ihr gekommen.
Was er vernahm, trug er ihr zu,
er ist, weil er das Heil vernommen.

Die Flügel bauschen sich im Glanz,
verklärt der Augen stilles Flimmern
und füllt den Raum mit Gotteskraft,
des klaren Geistes hellstes Überschimmern.

Und als er sprach, verkündete
das Ungeheure, ihr, der Allerkleinsten,
erschauert staunte, bangte sie,
dass sie erkoren war zur Reinsten.

Als zaghaft sie die Augen hob,
begriff, dass sie der Schoß des Lichts
für alle Menschen werden sollte, sank sie
zu Boden, der Sohn in ihr geboren, einem Nichts.

Da fielen von ihr Schmach und Leid,
denn Großes war ihr widerfahren;
voll Demut klopfte froh ihr Herz:
des Höchsten Gut sie durfte es bewahren.

Seife in Aspik

Die Rollen vertauschen an Weihnachten! Herrgott noch einmal, hätte ich mich doch darauf nicht eingelassen. Gregor wollte dieses Jahr kochen und den Weihnachtsbaum schmücken. Ich sollte dafür einkaufen gehen. So würden wir uns nicht in die Quere kommen, keine Diskussionen über den Standort des Weihnachtsbaumes, die Größe, die Glocken, wie viel Lametta... . Na ja, wir meinten es ja alle immer nur gut. Das Menü hatten wir gemeinsam ausgesucht. Es fehlte nur noch der Fisch. Bestellt war er schon.

Also einkaufen, rausfahren, im Stau stehen. Alles hupte, Fußgänger liefen einfach quer über die Straßen, Ampelordnung adé! An Heiligmorgen sollte man nicht einkaufen gehen. Aber das war mein Beitrag zum friedlichen Fest. Ich hatte keine Wahl. Der frische Fisch musste abgeholt werden. Er war der letzte Punkt auf meiner Agenda. Die Pute, nicht tiefgefroren und in der Truhe, nein, sie lag im Kühlschrank, wohltemperiert!

Jetzt mach doch, Herrgott, das schafft doch jeder. Nein, dieser Banause! Und da sagt man, Frauen könnten nicht einparken. Vielleicht parkte das Auto sogar selbständig, automatisiert, digital gesteuert. Ja, die Technik will jedoch auch nicht immer so, wie sie soll. Letztes Jahr kaufte ich einen elektrischen Nussknacker, ein Verkaufsschlager. Was geschah? Er schnappte nur einmal zu, fing an zu vibrieren, als wollte er das Nussknacker-Ballett tanzen... und kippte um. Aus war's, vorbei! Gott sei Dank hatte ich den alten aufgehoben.

Also bitte, das geht doch, das Lenkrad nur dreiviertel einschlagen, mein Gott, hinter mir hupte es schon wieder, ja, ja! Was konnte ich dafür, dass es so lange dauerte. Endlich stand der Wagen korrekt in der Parklücke, ich konnte den nächsten freien Parkplatz ansteuern. Nun gut, also die Taschen einstecken und der Zettel, auf in den Kampf! Nummer eins: Geschenk für Christian abholen, Fotoladen, dann Omas Seife kaufen. Sie liebte nach wie vor feste Seifenstücke, am liebsten herrlich duftend. Dieses Jahr nach Veilchen, Maiglöckchen gab es schon an Ostern. So, Geschenkpapier, ach was, das vom letzten Jahr müsste noch ausreichen. Die Uhr für Gregor und zum Schluss den Fisch abholen. Gregor kochte ein Fünf-Gänge-Menü mit Forelle blau. Hm!

Zuerst also der Fotoapparat. Christian hatte ihn sich ausgesucht, wusste aber nicht, dass ich ihn tatsächlich bestellt hatte. Genau vor zehn Jahren drehte sich auch alles um einen Fotoapparat, genauer gesagt, um eine Minikamera. Wir fuhren nach Hofgastein, weg von dem Trubel, einfach mal den Winter genießen und sich an einer reich gedeckten Weihnachtstafel niederlassen. So zumindest war es geplant. Bilder wollten wir nach Haus schicken von dem Menü, dem Hotel, von uns an unsere Eltern, als Weihnachtsgruß, das hatten wir hoch und heilig versprochen. Aber die Kamera des Smartphones ging nicht und nicht nur das. Es hatte keinen Strom und ließ sich auch nicht aufladen. Was war das für eine Aufregung, den Eltern zu erklären, dass wir trotz modernster Technik keine Bilder senden konnten. Seither haben wir es nur noch selten gewagt, über Weihnachten zu verreisen. Wie schon gesagt, alles Technik oder was?

Viel Gedränge, durch das ich mich zwängen musste. Eine Rempelei nach der anderen, bis zum Eintritt ins Fotogeschäft. Da stand ich nun geduldig wartend in einer kleinen Schlange. Die Türglocke bimmelte. Ein Verkäufer stürzte in den Nebenraum und kam mit einem wunderschön dekorierten Paket zurück.

„Kommen Sie hierher", rief er der Kundin an der Tür zu. War das oder doch nicht? Doch, sie war's! Die Parteivorsitzende der Opposition.

„Ist das recht so?" fragte der Verkäufer hinter der Theke.

„Sehr hübsch, ja wirklich, sehr, sehr hübsch. Da muss ich mich ganz herzlich für den Service bedanken. Max wird sich vielleicht freuen."

Ja, ja, denke ich, Christian auch, wenn es denn voran ginge. Oppositionsführerin müsste man sein, dann hätt ich mein Geschenk schon.

Gregor stellte bestimmt gerade den Baum auf. Ob er das hinbekommt? Ohne mich? Ohne Hilfestellung, ob der Baum nach links, oder doch ein wenig nach rechts? Bestimmt mussten Äste gekürzt werden für die Christbaumspitze.

Die Dame vor mir war dran. Sie wusste nicht, was sie wollte, Himmel noch einmal! Konnte sie sich das nicht vorher überlegen.

Ob die Spitze noch ganz oder schon zu Bruch gegangen war? Eigentlich wollte ich ja eine neue besorgen. Aber dieses Jahr hatte ich das nicht zu entscheiden! Leider!

Ich war an der Reihe. Der Verkäufer überreichte mir das Paket. Es war ebenfalls sehr schön hergerichtet. Bei der Verpackung gab es wohl keine Unterschiede zwischen der Kundschaft. Vor Gott sind die Menschen alle gleich und im Fotoladen wenigstens bei der Verpackung! Vielen Dank auch dafür, es ist wirklich sehr ansprechend, ja, ja. Schöne Filmtage, ein frohes Fest. Bis zum nächsten Mal. Geschafft! Und einen guten Rutsch. Nein, das konnte ich nicht wirklich gebrauchen, Schnee und Eis, es war Gott sei Dank nichts gemeldet!

Nun in die Parfümerie, Duftseife aussuchen. Edel sollte sie sein, mit cremigem Schaum und pflegend! In der Parfümerie wurde man kostenlos geschminkt. Schade, keine Zeit. Nach mehreren Duftproben entschied ich mich für ein Veilchen-Markenprodukt.

Das würde meiner Mutter bestimmt gefallen. Sie liebte Veilchen. Der Garten meiner Kinderzeit war übersät mit Veilchen. Wie der Veilchenteppich von Hera und Zeus. Jedenfalls hat ihn Homer so beschrieben. Veilchenlikör setzte Mutter aus den Blüten an. Jeden Sonntag gab es zum Abschluss des Mittagessens ein Gläschen Veilchenlikör. Vater trank lieber ein Gläschen Cognac oder auch zwei. Selbst der Hochzeitsstrauß war voller Veilchen. Meine Mutter war eine schöne Braut. Aber sind nicht alle Frauen, die heiraten, voller

Anmut und Schönheit im weißen Kleid. Veilchenduft, die junge, unschuldige Liebe! Drei Stück in einer luxuriösen Schachtel verpackt. Sie rochen durch die Verpackung hindurch, so intensiv war der Veilchengeruch.

Zurück auf der Straße blies ein heftiger Wind. Gut, dass ich den Mantel angezogen hatte und nicht die selbstgestrickte Weste. Was waren das noch für Zeiten, als das Geld hinten und vorne nicht reichte. Alle Geschenke wurden selbst gemacht, fast alle. Für Gregor hatte ich einen Norwegerpullover gehäkelt, jawohl, gehäkelt! Jahrelang hatte er ihn getragen, jetzt lag er im Karton auf dem Dachboden. Auch gut verpackt. Man kann ja nie wissen!

Was dieser Pullover nicht alles erlebt hatte. Unser Winterurlaub in Tirol mit unserem Verein, auch über Weihnachten. Schön kalt war's und Gregor im Häkelpulli, ein Hingucker, auch wenn er das gar nicht abhaben konnte. Es war so kalt, dass die Eisskulptur des Brunnens auf dem Marktplatz von Nacht zu Nacht anwuchs bis zur imposanten Statue. Am Heiligmorgen brachte der Nikolaus den Gastkindern, so sie angemeldet waren, ein Geschenk. Unseren Christian rief der Tiroler Nikolaus erst ganz zum Schluss auf. Italienisches Konfekt, Äpfel und Lebkuchen. Christian freute sich. Ein wenig jedenfalls. Ich mich auch, denn ich liebe diese Süßigkeiten. Wir waren die letzten Touristen auf dem Marktplatz.

Vor der Bescherung versammelten wir uns im großen Saal, na ja, groß ist vielleicht etwas übertrieben, aber groß genug für die mitgereisten Vereinsmitglieder und Familien. Einige der Mütter waren beruflich als Erzieherinnen beschäftigt und hatten mit den Kindern Gedichte und Lieder einstudiert. Alle waren gespannt, ob ihr Kind oder Kinder – manche waren mit der ganzen Familie mitgefahren, Oma und Opa einbegriffen - auch laut und deutlich genug vortrugen. Ganz hinten konnte man jedoch nichts mehr verstehen. Mikrophone gab es keine. Aber Tränen, weil ein kleines Töchterchen kein Geschenk bekam, aber der Bruder. Die Mutter hatte vergessen, es in den Koffer zu legen.

Ich muss zugeben, dass ich das Geschenk auch zu Hause hatte liegen lassen, weshalb ich aber am Vortrag alle Läden abgeklappert und schließlich ein geometrisches Legespiel gekauft hatte als Trostpflaster bis zur Bescherung zu Hause. Was haben wir gelacht in dieser heiligen Nacht. Alte und Junge, alle Generationen. So schön kann Weihnachten sein!

Erstaunlich, dass heute so viele junge Leute unterwegs waren. Ach ja, es gab eine neue Unsitte, sich am Vormittag des Heiligmorgens zu betrinken, um die Bescherung und die Familie besser aushalten zu können. Die Bescherung hatten jedoch die Mütter, welche die jungen Weihnachtsfeierer entweder ins Bett bringen oder sie wachhalten mussten, bis alles vorbei war. Jede Generation entwickelte ihre eigenen Strategien, wie sie ihre Familien bestenfalls aushalten oder tyrannisieren können. Gott sei Dank liebte Christian Weihnachten. Die Nachbarin musste schon einmal den Notarzt rufen, Alkoholvergiftung!

Beim Juwelier war wenig Betrieb. Ich bekam mehrere Uhren vorgelegt, eine mechanische zum Aufziehen, eine mit Batterie und eine mit selbstaufziehendem Uhrwerk. Ich entschied mich für eine Uhr von Tissot mit Batterie. Silberarmbad, das würde Gregor gefallen.

„Hallo Frau Müller, auch noch unterwegs?"

„Ja, auf den letzten Drücker. Und Sie? haben Sie schon alles?"

„Noch einen Gang ins Fischgeschäft, dann ist alles erledigt."

„Dann will ich sie nicht länger aufhalten. Frohe Weihnachten", sprach's und verschwand in der Menge.

„Frohe Weihnachten", rief ich hinterher. Immer auf Zack, die Gute. Vom Glück vernachlässigt, frühe Heirat, Scheidung, ein neuer Anlauf, zwei Kinder, beide im Ausland tätig. Es kriselte wieder in ihrer Ehe, man munkelte von einer Liebschaft des Gatten. Sie umging jedes Gespräch darüber mit ihrem Mann. Wie lange das wohl noch gut gehen würde. Überall musste sie auch dabei sein, in wer weiß wie viel Vereinen sie ein Ehrenamt hatte. Nur wenige Abende war sie zu

Hause und der Gatte allein. Nicht jeder konnte damit umgehen.

Aber waren wir nicht alle auch mal allein, fühlten uns allein gelassen oder mitunter auch mal einsam? Heute wollte ich nicht weiter darüber nachsinnen. Ich hatte keine Zeit, um in Problemen zu versinken. Gregor würde die Uhr sicher gefallen. Er liebte Silber. Wenn nicht, könnte ich zur Not auf den Dachboden klettern und den Häkelpullover wieder auskramen.

Noch den Fisch abholen. Nun stand ich tatsächlich richtig an. Es ging zwar flott, weil die meisten vorbestellt hatten. Aber die Schlange war lang. Forelle blau, ob wir danach auch blau sein würden vom vielen Riesling, dem köstlichen Veilchenlikör oder dem süffigen Glühwein? Bis zur Alkoholvergiftung würde es sicher nicht kommen. Die Seifenstücke dufteten weiter intensiv durch die Schachtel, Veilchen im Fischgeruch, das war wie Seife in Aspik, schoss es mir durch den Kopf. Ich musste lächeln bei der Vorstellung, was es doch alles so geben könnte, nein, so ein Unsinn. Aber Veilchen in Aspik, sie waren ja essbar. Selbst meine Mutter war nie auf diese Idee gekommen! Obwohl sie viele Veilchen-Rezepte ausprobiert hatte. Die Vorstellung von der Seife in Aspik ließ mich nicht mehr los.

„Was hatten Sie bestellt, Frau Weber?" fragte mich Gabriele hinter der Theke.

„Seife in Aspik", hörte ich mich sagen. Alle stutzten zuerst, dann kicherten sie.

„Ach, so ein Unsinn, nein Forelle blau bitte." Wieder kicherte es um mich herum.

„Blau wird die Forelle erst beim Kochen", meinte Gabriele, „ich bin auch schon ganz durcheinander, Frau Weber."

„Entschuldigung, bitte, ich hatte drei Regenbogenforellen bestellt", sagte ich. Wie peinlich so ein Versprecher, da macht man sich im Handumdrehen zum Gespött der Leute. Und das am Heiligmorgen. Dabei, ich schwöre es, hatte ich nichts getrunken, wirklich gar nichts, noch nicht einmal ein Gläschen Veilchenlikör.

Nacht im Schnee

Nacht im Schnee,
wenn sich der Winter verkündet,
Nacht im Schnee,
wenn funkelndes Kristall des Mondes
ins Dunkelblaue mündet.

Dies ist die Nacht der Finsternis,
die kalte Stille, stumm, verschweigt
das unterm Grunde Knisternde,
fortwährend Frühling Flüsternde.

Und feierlich am Horizont aufsteigt
ein Stern. Es zogen viele Sterne nach.
So still die Nacht, so fern die Nacht;
nie brach die Sonne vor der Morgenröte ein,

die in geheimnisvoller Dunkelheit
sich windet, wartet auf das andere Licht,
welches uns aus anderer Welt durchdringt
in stiller Nacht, in kalter Zeit
und uns das schönste aller Lichter bringt.

Wenn Christrosen blühen

Wenn Schneeflocken fallen,
Wind flüstert ganz leise
wundersame Weise,
klingt wie Glockenklang.

Hört himmlisches Schallen,
ein Kind soll uns geboren,
im Schnee blüht weiß, verloren,
Christrose im Hang.

Wenn Christrosen erblühen,
fällt draußen der Schnee,
funkeln alle Sterne, Eis glitzert im See
Wenn Christrosen erblühen
in Winters Einsamkeit,
zünd an eine Kerze für die heilige Zeit.

Sieh nur was im Stall liegt,
was Gott uns hat gebracht,
aus dem Schoß der Mutter
in heiliger Nacht.

Wenn geboren das Kindlein,
spüre, Gott ist Klarheit,
er nur ist die Wahrheit
für die Ewigkeit.

Wenn Christrosen erblühen
in Winters Einsamkeit,
zünd an eine Kerze für die heilige Zeit.

Moselfränkische Übertragung des Liedes „Es ist ein Ros entsprungen"
Kirchenlied 16. Jhd. T: Michael Praetorius 1609

Än Reeschen dat gewaas woa

Än Reeschen dat gewaas woa
aus äna Wurzel nua
vazeelen us die Alten
aus Jessa kämt de Spua
un hat än Blimchin braat
Mitten im kalten Winta
zua ongefongnen Naat.

Vom Reeschen dat eich männen
Jesaja hat gesaat,
nua ännet konn ea nennen,
it woa Marii, sein Maat.
Gott hat et ingelaad.
Et hat geboa än Kindchin
zua ongebrochnen Naat.

Dat Blimelchin so klään is,
foa us it so sejss riecht.
Weil it so hell un scheen is
dat Duschta von us ziecht.
Woascht Mensch un Gott in äm.
Helf aus em Lääd dea gross Not
rett us foa Sind un Doot

Die Krippe von St. Blasius

Es war der erste Adventsonntag und alles strömte in die Kirche von Sankt Blasius. Der Pfarrgemeinderat hatte beschlossen, die Krippe in diesem Jahr zu vergrößern. Hierzu wurden noch Freiwillige gesucht, die sich am Aufbau und an der Ausgestaltung beteiligen wollten, stand im Pfarrboten schon im Juli.

Das war der Anlass, weshalb wir es vor lauter Vorfreude auch nicht mehr erwarten konnten, in die Kirche zu gehen, um die neue Krippe anzuschauen und den Adventskranz zu bestaunen, welcher an großen Seilen von der Decke der Kirche herunterhing.

Mutter hatte uns alle besonders schön angezogen, denn sie wollte nicht, dass sich irgendjemand über unser Aussehen mokieren konnte. Schließlich war sie eine gute Mutter, die sich um die Familie sorgte und kümmerte.

In der Kirche musste ich meine Hände aus dem Muff nehmen, denn Mutter hatte vorher gesagt, so was gehöre sich in der Kirche nicht. In der Kirche müsse man fromm sein, dürfe die Hände nicht in die Taschen stecken und müsse ganz still sein.

So standen wir nun andächtig vor der neuen Krippe. Der Stall war viel größer als vorher und mit richtigem Stroh gedeckt. Die Figuren waren in Originalgröße von einheimischen Künstlern gefertigt worden. Maria und Josef knieten davor und rundherum standen Schafe und ein Hirte. Das Jesuskindchen lag halb nackt in einem weißen Hemdchen in einer Wiege.

„Mama", flüsterte ich, da ich wusste, was sich gehörte, „Mama, das Jesuskind muss aber kalt haben. Es hat nur ein kurzes Hemdchen an. Da hat Maria aber nicht gut gesorgt."

Mutter lächelte. „Mariechen, die Mutter Gottes hatte damals nichts anderes. Es gab nur Stroh in der Hütte, in der Jesus zur Welt kam", erklärte meine Mama. „Aber warum hat sie dann ihren Schleier nicht abgenommen und ihr Kind damit eingewickelt. Du hättest das bestimmt getan!"

„Mariechen," meinte Mama, „damals trugen alle Frauen Schleier. Man bedeckte das Haar. Das gehörte sich so."

„Nackt vor anderen Leuten in der Krippe zu liegen gehört sich aber nicht, Mama. Wir dürfen doch auch nicht nackt herumlaufen," sagte ich verständnislos.

„Mariechen, das ist doch nur eine Steinfigur. Damals, als Christus zur Welt kam, hat ja niemand zugeschaut."

Da hatte Mama wohl recht. Wer konnte schon zusehen, wenn ein Kind zur Welt kam. Aber neulich im Religionsunterricht hatte der Pastor behauptet, es sei eine Sünde, nackt herumzulaufen und sich nackte Menschen anzusehen.

„Mama", versuchte ich weiter zu flüstern, „wir werden aber alle zu Sündern, wenn wir uns nackte Menschen ansehen, das hat unser Pastor gesagt."

„Das tut man auch nicht. Aber das Jesuskindchen ist ja kein Mensch. Er ist der Sohn Gottes."

„Hat denn der liebe Gott auch eine Tochter?" fragte Karlchen neugierig.

„Nein, er hat keine Tochter", sagte Mama.

„Aber warum denn nicht?" staunte Karlchen. Mittlerweile waren noch mehr Eltern mit ihren Kindern gekommen und standen um uns herum.

„Papa", zupfte ich an seinem Arm, „Papa, wenn Gott nur ein Kind hatte, warum bringt der dann den anderen Frauen so viele Kinder?"

„Mariechen", sagte jetzt Mutter, „du sollst nicht soviel in der Kirche reden. Das tut man nicht. Das ist auch eine Sünde."

Warum sollte das jetzt eine Sünde sein, fragte ich mich, wo doch unser Pastor ununterbrochen im Gottesdienst redete. „Wenn das eine Sünde ist, weshalb darf dann der Pastor reden und auch noch so laut?" entrüstete ich mich.

„Mariechen", seufzte Mama, „der Pastor betet. Er verkündet das Wort Gottes. Das ist seine Aufgabe."

So war das also. Der Pastor durfte reden, aber Kinder nicht. Er hatte mehr Rechte. Das konnte ich einfach nicht glauben. Gott liebte alle Menschen gleich. Das hatte selbst der Pastor schon gesagt.

„Das würde ja bedeuten, dass Gott die Pastoren mehr liebt als andere Menschen!"

„Liebt Gott die Kinder nicht mehr?" fragte jetzt ein Mädchen, das hinter mir stand.

„Gott liebt alle Kinder", beschwichtigte dessen Mutter.

„Mariechen", mahnte jetzt mein Vater, „hör bitte auf deine Mutter. Wir werden nachher darüber reden."

„Aber das Jesuskindchen friert doch. Darf ich es nicht mit meinem Schal zudecken?" fragte ich besorgt.

„Niemand darf an die Krippe gehen. Das ist verboten!" sagte Papa.

Warum das wohl verboten war, wo doch vorher, als wir gerade in die Kirche kamen, eine Marienschwester vom Altar aus an die Krippe gegangen war, um eine Kerze anzuzünden. Das konnte ich ganz und gar nicht verstehen.

„Wieso darf dann die Schwester an die Krippe gehen und wir Kinder nicht?" bohrte ich weiter.

„Mariechen, wirst du wohl jetzt still sein!" sah mich Mutter streng an. Da war der Blick, mit dem sie sonst immer sagte, ich solle auf mein Zimmer gehen. Ich verstand, es gab verschiedene Arten, nackt zu sein und eine Sünde war nicht immer eine Sünde. Dass aber Gott jetzt auch noch Unterschiede mit seiner Liebe machte, empfand ich als ungerecht.

„Liebes Kind", sagte da plötzlich die Schwester, die inzwischen hinzugekommen war, um vor der Krippe nach dem Rechten zu sehen, „der liebe Gott hat alle Kinder lieb, Söhne und Töchter, alle sind Kinder Gottes, er macht keinen Unterschied."

„Aber zwischen den Frauen schon. Schwestern dürfen an die Krippe gehen, andere nicht!"

„Ja weißt du, wir Schwestern sind mit Gott verbunden."

„Aber wenn ich bete, bin ich doch auch mit Gott verbunden."

„Liebes Kind, Schwestern sind die Bräute Gottes. Sie weihen ihm ihr Leben."

„Dann hat Gott ja ganz viele Frauen. Das würde ja bedeuten, dass Papa noch mehr Frauen heiraten dürfte als Mama!"

„Die Liebe zu Gott ist etwas anderes als die Liebe deiner Eltern zueinander," erklärte die Schwester.

„Dann kann Gott sich selbst keine Kinder mehr machen?" fragte ich erschrocken, „hat er deshalb nur einen Sohn?"

Jetzt sahen uns alle erwartungsvoll an. Es war plötzlich ganz still in der Kirche.

„Mariechen", bemühte sich mein Vater zu erklären, „der liebe Gott hat selbst nur einen Sohn, weil er die Menschheit erlösen wollte, damit alle in den Himmel kommen können."

Das war also die Erklärung, der liebe Gott wollte nur die Menschheit erlösen.

„Papa", flüsterte ich jetzt so leis ich konnte, um nicht noch mehr zu sündigen, „Papa, hat der liebe Gott deshalb gesagt, lasset die Kinder zu mir kommen, denn ihnen gehört das Himmelreich?"

Wenn Glühwein in den Kesseln gärt

Wenn Nikolaus im Schlitten fährt
und Glühwein in den Kesseln gärt,
die Bratwurst auf dem Rost verbrennt,
dann ruft 's dich an:
Es ist Advent.

Wenn's Pferdchen an der Leine zieht,
der Kutscher nicht mehr weiter sieht,
der Kampf ums Vorfahren entbrennt,
dann ruft 's dich an:
Es ist Advent.

Wenn's Katzenkind vorm Blinken springt,
die Mutter nach klein Erna winkt,
der Max dem Papa schnell wegrennt,
dann ruft 's dich an:
Es ist Advent.

Wenn's Hänslein seinen Hund nicht find,
der Esel denkt, er wär ein Rind,
Marie die ganze Zeit nur flennt,
dann ruft 's dich an:
Es ist Advent.

Wenn Chöre singen laut und schräg,
der Gast den Teller überlädt,
ein Sturzbetrunkener eingepennt,
dann ruft 's dich an:
Es ist Advent.

Wenn Kinder nach dem Trubel müd,
die Kerze letzte Funken sprüht,

Ruprecht Christkindchen nicht erkennt,
dann ruft 's dich an:
Es ist Advent.

Nussknacker und Haselmaus

„Knack mir die Nuss,
Knackerdiknack",
ein Haselmäuslein spricht.
„Ist das ein Muss,
Rackerdirack?",
der Nussknacker anficht.

    „Was heisst hier Muss,
    Knackerdiknack,
    du bist dafür geboren.
    Dein Kiefer ist aus einem Guss.
    Gib du der Nuss den Todeskuss.
    Ich hab 'nen Zahn verloren."

„Befiehlst du mir,
Rackerdirack,
ich soll dir Nüsse knacken?
Ich knacke nur noch aus Plaisir
zu meiner Zier und nicht aus Gier.
Die Nuss musst du selbst packen."

„Wärst du mir gut,
Knackerdiknack",
versprach das Haselmäuslein,
„ein ganzes Lager böt ich dir.
Als Dank dafür wohnst du bei mir
im Winter hier im Häuslein."

„Wenn's mir gut tut,
Rackerdirack,
beiß ich die harten Schalen auf,
mit meinen starken Backen,
alle zuhauf, wenn du darauf
mir kühlst den steifen Nacken."

So biss der Knacker mit Genuss
sich durch das Lager Stück für Stück.
Die Maus versank im Vorratsglück,
hat das Versprechen eingelöst.
Nussknacker ist gleich eingedöst.

Er knackte einen Winter lang
in Haselmäusleins Unterfang.

Der schwarze Nikolaus

Es war einmal ein Nikolaus,
der stieg aus seinem Schlitten aus.
Als er durch einen Schornstein fiel,
erklang ein helles Glockenspiel,
als er die Strümpfe füllte,
der Haushund tobte, brüllte.

Da kletterte der Nikolaus
durch den Kamin aufs Dach hinaus.
Der Bart ergraut, der Rock voll Russ,
die Frieda hob den Arm zum Gruß
und winkte freundlich lächelnd.
Der Nikolaus, leicht hechelnd,
grüßte zurück und rief: „Ho, ho".

Da strahlte Mutter Frieda froh.
Ein Schornsteinfeger im Advent,
was für ein schönes Glücksmoment!
Im Haus sie volle Socken fand,
der Hund das Bellen überwand.
Ein Wunder die Bescherung,
die reinste Glücksvermehrung!

Bedanken wollte sie sich gleich,
sah ins Kamin, des Fegers Reich.
Dort funkelten sämtliche Sterne.
Einen Schlitten zog in der Ferne
der schwarze Mann mit viel Gebraus. -
War das vielleicht der Nikolaus?

Die Nikolausverschwörung

Kommissar Martin wollte sich gerade in den Feierabend verabschieden, als eine dringende Meldung einging. „Mann mit weißem Bart im roten Mantel wegen Spionageverdacht festgenommen", stand auf dem Fax. Sein Telefon klingelte.
„Was gibt's?" brummelte Kommissar Martin.
„Noch ein Verhör wegen vermutlicher Spionage. Ganz eilige Meldung vom BKA", sagte Polizeihauptmeister Abendrot.
„Na, das ist wieder hervorragend. Ich wollte endlich einmal nach Hause zu meinen Kindern. Es ist Nikolausabend", zauderte Kommissar Martin.
„Tut mir leid. Ich hätte mir auch etwas Besseres gewünscht. Aber Anweisung von ganz oben. Terrorwarnung, du weißt schon. Also, ich geh schon mal vor, bis gleich." Polizeihauptmeister Abendrot beendete das Gespräch.
Kommissar Martin rief seine Frau an, was ihm arge Magenschmerzen verursachte. „Ja, hallo Schatz. Ich weiß, du wirst jetzt sicher enttäuscht sein", sagte er entschuldigend.
„Wieder etwas dazwischen gekommen? Es ist jedes Jahr dasselbe. Können die nicht mal an Nikolausabend Ruhe geben", sagte sie wenig verständnisvoll.
„Terrorwarnung. Da kann ich nicht anders. Hat der Weihnachtsmann für heute Abend zugesagt?".
„Ja, ja, alles in Ordnung. Sollen wir auf dich warten?" fragte seine Frau.
„Ich kann nicht einschätzen, ob die Lage ernst ist. Also wartet nicht auf mich. Ich muss jetzt los. Grüß die Kinder."
Er griff nach der Jacke und ging zum Verhörraum. Abendrot stand da und blätterte im Bericht. „Hier. Ich weiß nicht, was ich davon halten soll. Das ist alles möglich, aber es kann sich auch um einen Wichtigtuer handeln."
„Nun gut, lass uns hineingehen", sagt Kommissar Martin, nachdem er ebenfalls alles überflogen hatte.

Sie gingen hinein. Vor ihnen saß ein weißbärtiger Mann, schwer einzuschätzen, wie alt er war. Die Augen blitzten unter den buschigen Augenbrauen hervor, die leicht gerötete Haut hatte tiefe Kerben. Seinen roten Mantel hatte er noch an. „Können Sie sich vorstellen, weshalb Sie hier sind?" fragte er ihn.

„Ich, ich weiß es nicht. Seit Jahrhunderten fliege ich zur Erde. Noch niemals haben mich Abfangjäger am Weiterfliegen gehindert."

„Sie wurden vom Satellit Alpha Centauri gesichtet. Unsere Überwachung hat außerdem ergeben, dass sie immer auf dem Nordpol landen, deshalb sind sie hier", sagte Kommissar Martin.

„Was ist daran Besonderes?" wunderte sich der Festgenommene, „von dort starte ich jedes Jahr mit meinem Schlitten und den Rentieren, um den Kindern die vielen Briefchen zu beantworten."

„Briefchen, soso. Womöglich noch mit weißem Pulver! Sie geben also zu, sich unbefugt auf dem Nordpol herum zu treiben? Zeigen Sie mal Ihre Aufenthaltserlaubnis. Wer gibt Ihnen dort überhaupt Unterschlupf?" fragte der Kommissar.

„Aufenthaltserlaubnis brauche ich nicht. Ich bin überall auf der Welt zu Hause. Aber hier kenne ich nur meinen Knecht, den Herrn Ruprecht."

„Ruprecht, ein russischer Name. Welche Staatbürgerschaft besitzen sie denn, sie Weltbürger?"

„Ich verstehe nicht, Staatbürgerschaft? Was ist denn das? Ich kenne nur die Himmlischen Heerscharen, die fliegen übrigens das ganze Jahr über zur Erde. Allerdings starten die nicht am Nordpol." Er sah den Kommissar verständnislos an.

„Himmlische Heerscharen? Sie wollen mich wohl verkohlen." Kommissar Martin stemmte beide Händen auf den Tisch und sagte laut: „Meinen Sie das Flugheer der russischen Armee? Sind sie Russe? Haben Sie deshalb so viele Sterne auf ihrem Transportmittel?"

„Ich komme nicht aus Russland. Ich komme direkt vom Himmel. Fragen Sie doch die Himmlischen Heerscharen. Aber ich habe einen Verwandten in Russland." Der alte Mann sah auf den Boden, als hätte er etwas zu verbergen.

Polizeihauptmeister Abendrot übernahm: „Sie geben also zu, verwandtschaftliche Beziehungen zum russischen Staat zu unterhalten?"

„Väterchen Frost kommt aus Welikij Ustjug im Norden Russlands, circa tausend Kilometer nordöstlich von Moskau. Die Residenz von Väterchen Frost befindet sich im Wald, elf Kilometer von der Stadt Welikij Ustjug entfernt," sagte der Mann und fuchtelte währenddessen mit den Armen in der Luft.

Der Kommissar sagte zu seinem Assistentin: „Im Wald also. Deshalb können ihn unsere Satelliten nicht orten."

„Aber er ist ganz leicht zu erkennen," unterbrach der alte Mann die beiden. „Er trägt einen langen blauen Mantel mit Pelzkragen, einen breiten Gürtel wie ich und eine typisch russische Pelzmütze. Ein dicker Eiszapfen dient ihm als Wander- und Zauberstab. Er reist von Sibirien aus quer durch Russland in einer Pferdetroika und ist in Begleitung des Jungen Neujahr und seiner hübschen Enkelin Snegurotschka."

Polizeihauptmeister Abendrot schüttelte den Kopf: „Das wird ja immer interessanter. Klingt ja wie eine Verschwörung."

Er schrie: „Die Russische Armee bereitet wohl eine Invasion vor und sie sind der Anführer!"

Der Weihnachtsmann zuckte zusammen. „Das würde ich so nicht sagen. Es gibt ja noch den Nikolaus und Santa Claus."

Kommissar Martin griff wieder ein. „Sind das ihre Kontaktmänner? Von wo aus arbeiten die denn im Untergrund?"

„Na Nikolaus kommt von Myra aus Kleinasien und Santa Claus aus New York. Seine Rentiere heißen übrigens Dasher, Dancer, Prancer, Vixen, Comet, Cupid, Donner und Blitzen." Der alte Mann kam ins Erzählen.

„Blitzen, Blitzen. – Sind das Laserkanonen? Eine Weltverschwörung also!" Er drehte sich zum Polizeihauptmeister und fragte: „Weshalb hat uns der MAD nicht informiert? Wie soll man denn ein vernünftiges Verhör führen ohne Hintergrundinformationen?"

Polizeihauptmeister Abendrot erwiderte flüsternd: „Ich habe nur einen Bericht vom technischen Überwachungsdienst. Danach hat der Festgenommene keine Zulassung für sein Gefährt."

Der Weihnachtsmann, der dies trotzdem hörte, fragte: „Zulassung, was für eine Zulassung? Den Schlitten habe ich mithilfe der Engeln gebaut."

Kommissar Martin hakte ironisch nach: „Engeln? Nennt man jetzt die technischen Ausrüster Engel, wohl wie die vom ADAC, die blauen Engel, die sind auch alle falsch."

Der alte Mann erregte sich „Weiße Engel, bitteschön, wenn sie schon auf dem göttlichen Personal herumhacken müssen."

Polizeihauptmeister Abendrot schlug mit der Hand auf den Tisch: „Blaue Engel, weiße Engel, was spielt das für eine Rolle! Apropos ADAC. Wo ist denn ihre TÜV-Plakette?"

„Zulassung, TÜV-Plakette? Was meinen Sie denn damit?" Der alte Mann wirkte ratlos.

„Nun kommen Sie uns nicht als Unwissender daher. Bei Ihnen ist wohl alles vom Himmel gefallen? Es geht um technische Mängel an ihrem Fahrzeug, wenn man ihren Schlitten überhaupt so nennen kann", sagte Kommissar Martin.

„Tatsächlich sind wir alle Gesandte des Himmels", sagte er mit feierlichem Pathos in der Stimme und fuhr weiter: „aber wahr ist, dass der Schlitten nicht mehr so schnell fährt. Vielleicht hat ein Rentier etwas an seinen Hufen. Obwohl sie alle vor der Fahrt frisch beschlagen wurden. Rudolph kann es nicht sein. Seine Nase blinkt nach wie vor leuchtend rot."

Polizeihauptmeister Abendrot setzte nach: „Wie schnell fährt denn dieser Schlitten normalerweise?"

„Na achtzig", sagte der Alte bedächtig.

Kommissar Martin wurde wieder lauter. Er fühlte sich hinters Licht geführt: „Was, achtzig Stundenkilometer? Dann wären Sie ja Monate vom Nordpol aus unterwegs? Noch so eine Finte! Nun rücken Sie mal mit der Wahrheit heraus, sonst sitzen wir noch an Weihnachten hier."

„Da haben Sie recht. So viel Zeit habe ich nicht. Ich sollte das ganz schnell aufklären. Es sind Lichtjahre, achtzig Millionen, keine Kilometer. Wir rechnen nach der Sternenzeit. Die Ewigkeit ist weit!" Er faltete seine Hände vor seinem Bauch.

Polizeihauptmeister Abendrot drehte sich um und sagte zu seinem Kollegen gewandt: „Star Trek lässt grüßen. Also gibt es diese Geschwindigkeit doch! Wir müssen sofort den Militärischen Abschirmdienst informieren. Die Russen haben die Worpgeschwindigkeit entdeckt!"

„Ach, meinen Sie etwa diese dusseligen Zukunftsfilme der Enterprise. Vergessen Sie's! Ich habe aber einige Raumschiffe im Gepäck", sagte der Mann belustigt.

Kommissar Martin wiederholte: „Raumschiffe?" Zum Polizeihauptmeister sagte er: „Ich glaube, wir haben es hier mit einem Simulanten zu tun, mit einem Möchtegern James Bond. Oder vielleicht einer aus der Sendung ‚Verstehen Sie Spaß'. Kein Wunder, dass uns der MAD nicht informiert hat. Zum Weihnachtsmann gewandt sagte er nun ironisch: „Welchen Treibstoff verwenden Sie denn für die Raumschiffe?"

„Licht und heiße Luft."

Polizeihauptmeister Abendrot sagte zum Kommissar: „Alles klar. Der ist nicht ganz dicht." Er legte den Zeigefinger an die Stirn.

„Wissen Sie, die Kinder wünschen sich heute kleine Raumschiffe, um im Weltraum herum zu fliegen. Es reicht nicht mehr, ihnen Lebkuchen und Mandelherzen zu schenken", versuchte der Mann zu erklären.

Kommissar Martin wurde wieder laut: „Sie sind wohl der Weihnachtsmann?"

„Endlich kommen sie drauf. Das hat aber lang gedauert. Na, was soll ihnen denn der Weihnachtsmann schenken?"

Nun empörte sich auch Polizeihauptmeister Abendrot: „Am besten ein Feuerwehrauto, damit ich meinen Ärger wieder löschen kann."

Kommissar Martin setzte nach: „Aber nur eines mit Martinshorn."

Sie verließen beide den Raum. „Also, der hat nicht alle Tassen im Schrank. Wir lassen ihn laufen. Dafür hab ich nun die Familie allein gelassen. Also mach's gut. Schönen Nikolausabend."

Polizeihauptmeister Abendrot sagte: „Immer diese Spinner. Als wenn heute noch jemand an den Weihnachtsmann glauben würde. Also dann, bis nächste Woche. Schönen Gruß an die Familie."

„Der Mann kann gehen", sagte Kommissar Martin zu der Wache. Dann griff er zum Telefon und rief wieder seine Frau an: „Na, habt ihr schon angefangen. Ich bin jetzt gleich unterwegs."

„Nein. Der Weihnachtsmann ist noch nicht gekommen. Stell dir mal vor, es ist etwas Seltsames geschehen. Als die Kinder aus dem Fenster geschaut haben, um nach dem Nikolaus zu sehen, schneite es heftig und plötzlich stand auf dem Fenster: Bin von ungläubigen Polizisten aufgehalten worden. Rudolph strengt sich extra an, damit die Verspätung nicht zu groß wird. Und alles geschrieben aus Schneebuchstaben."

Und käm das Kindlein heut zur Welt

Und käm das Kindlein heut zur Welt
im heiligen Saarbrücken,
das Standesamt hätt' es gezählt,
notfalls den Namen ausgewählt,
wenn's Stammbuch voller Lücken.
    Und käm das Kindlein unbemannt,
    wär der Erzeuger unbekannt,
    niemand würd es bedrücken.

Und ging Maria hinterher
zum Amt für Gottes Gnaden,
für Wohnung, Kleidung und Verzehr
den Antrag stellen und noch mehr
in Formularen baden.
    Und wär das Kind ohn' Unterhalt,
    die zugewies'ne Wohnung kalt,
    würd niemand sie einladen.

Und käm die Aufsicht ungefragt
vom Amt für alle Kinder
und hätt Maria dann gesagt,
dass sie es ganz alleine wagt,
das Amt wär Vaterfinder!
    Und gäb den Namen sie nicht preis,
    gäb es statt Vorschuss 'nen Verweis,
    die Schmach wär nicht gelinder.

Und würd der Unterhalt gekürzt
vom Amt für Gottes Gnaden,
Maria wär in Not gestürzt,
auch wenn die Ärmel aufgeschürzt,

zur Arbeit vorgeladen.
> Und wär der Lohn auch viel zu knapp,
> von früh bis spät wär sie auf Trab,
> Leben auf Zeittaktpfaden.

Und käm ein Mann wie Josef her
und würde sie umsorgen,
erführ' das Amt die ganze Mär,
der Tratsch der Nachbarn lastet schwer,
dem Amt blieb nichts verborgen.
> So gäb es doch kein Elterngeld,
> weil ohne Trauschein dies nicht zählt,
> es blieben noch mehr Sorgen.

Nun sag, oh lieber Herre Christ,
ob dies in Deinem Sinne ist?

Das reumütige Rentier oder das Wunder von Saarbrücken

Im Dezember wartet in Saarbrücken seit etlichen Jahren auf kleine und große Kinder eine Sensation. Quer über den Markt in Sankt Johann fliegt während der Adventszeit der Weihnachtsmann mit seinem Schlitten und erzählt die Geschichte vom rotnasigen Rentier Rudolf. Alle hatten daran bisher eine große Freude. Rudolf aber sah dies mit Verdruss, denn es ärgerte ihn, dass er Jahr für Jahr für diese Belustigung herhalten musste. Schließlich hatte er sich seine rote Nase nicht selbst ausgesucht. In diesem Jahr wollte er deshalb dem Treiben ein Ende bereiten.

Schon Mitte November war die Baugesellschaft damit beschäftigt, das Gerüst für die Hochseilakrobatik aufzubauen, um das Seil, das über den Markt gespannt werden sollte, sicher verankern zu können. Rudolf hingegen suchte im Himmel nach Engeln, die ihm helfen sollten, dieses Vorhaben zu unterbinden, damit die Show erst gar nicht stattfinden konnte. In der Nacht, wenn Saarbrücken in tiefem Schlummer lag, reiste Rudolf mit seinen Engelhelfern in die besagte Stadt, um die Vorarbeiten wieder zurückzubauen und den Bolzen, der das ganze zusammenhielt, wieder zu entfernen.

Am ersten Morgen nach der Engelnachtarbeit dachten sich die Bauarbeiter nichts dabei. Vielleicht hatten sie den Bolzen ja noch nicht befestigt gehabt. Doch nach der dritten Nacht wuchs die Vermutung, dass es sich um Sabotage handeln müsste. Merkwürdig war auch, dass der Bolzen immer frisch gereinigt neben der Bodenplatte lag. Eisendiebe konnten es also nicht gewesen sein.

In der vierten Nacht sollte die Polizei das Gerüst bewachen, um die dreisten Täter dingfest zu machen. Kommissar Martin betrachtete es als Ehre, dem fliegenden

Weihnachtsmann auf die Sprünge zu helfen. Polizeihauptmeister Abendrot durfte natürlich nicht fehlen. So standen die beiden seit zwanzig Uhr hinter einem Hochhaus auf der Lauer, um das Gerüst zu beobachten.

Es wurde kalt und Kommissar Martin sagte: „Ich setze mich für eine halbe Stunde in den Wagen, da ist es etwas wärmer. Wir wechseln uns nach dreißig Minuten ab." Polizeihauptmeister Abendrot nickte und blieb alleine auf seinem Wachposten zurück.

Die Nacht war klar und das Sternenfunkeln gut zu beobachten. Die Mondsichel stand hoch über dem Sankt Johanner Markt. Gegen Mitternacht meinten sie zu sehen, dass sich vor den Mond ein kleiner Schatten gelegt hätte. Die beiden waren sich ihrer Sache aber nicht ganz sicher. Von einer Mondfinsternis war ihnen nämlich nichts bekannt, auch nicht von einer teilw:isen Mondverdunklung. Dann spürten sie, dass ihnen ein leichter Wind um die Nase fuhr, ein kurzes Huschen nur und alles war wieder ruhig. Sie dachten sich nichts dabei. Gegen vier Uhr morgens beendeten sie die Schicht und meldeten eine ruhige Nacht.

Als die Bauarbeiter gegen acht Uhr kamen, um weiter zu arbeiten, lag am Boden jedoch tatsächlich wieder der fein säuberlich gereinigte Bolzen und die ganze Arbeit des Vortages musste wiederholt werden. Das ging die halbe Woche so weiter, der Mond verdunkelte sich um Mitternacht für einen kurzen Moment und ein leichter Wind wehte. Kommissar Martin war ratlos. Die ganze Observation brachte nichts als schlaflose Nächte. Kein Dieb war zu sehen, nicht einmal ein Auto fuhr abends noch vorbei. Wie nur konnte sich jemand so still um sie herumschleichen, auf das Gerüst klettern und die Vorrichtungen wieder zurückbauen. Es müsste doch Lärm erzeugen, wenn man den Bolzen aus der Verankerung zog, auch wenn das Teil eingeschmiert war. Weiß der Himmel, wie dies zustande kam!

Die Presse hatte bereits Wind davon bekommen und berichtete über das Phänomen von Saarbrücken. Mittlerweile bekamen die Polizeibeamten Gesellschaft von Journalisten. Diese lagen nun ebenfalls auf der Lauer, um die nächtlichen Heinzelmännchen zu erwischen, bewaffnet mit riesigen Objektiven.

Nikolaus sah mit Sorge auf Saarbrücken herab und befürchtete einen Massenauflauf. Seine beiden Bekannten wurden von Tag zu Tag griesgrämiger, weil sie den Fall nicht lösen konnten. Rudolf störte dies wenig, denn er wollte vor allem nicht wieder belächelt werden. Die Menschen sollten sich gefälligst eine andere Witzfigur aussuchen.

Es kam, wie es kommen musste. Der Weihnachtsmann aus Saarbrücken, einer der vielen Stellvertreter von Nikolaus auf Erden, würde in diesem Jahr die Geschichte mit dem rotnasigen Rentier nicht erzählen können, weil das Gerüst nicht fertig wurde, geschweige denn, das Seil sicher zu spannen gewesen wäre.

Auch wenn es in allen örtlichen Zeitungen stand, dass der Weihnachtsmann wegen Sabotage in diesem Jahr nicht fliegen konnte, kamen zur Eröffnung des Christkindlmarktes trotzdem zahlreiche Familien mit Kindern aus nah und fern. Die Oberbürgermeisterin begrüßte die Besucher, das Polizeiorchester spielte „Morgen kommt der Weihnachtsmann". Der Regionalverbandsdirektor sprach ein Grußwort und dann wartete die Menge auf das Ereignis. Als die Oberbürgermeisterin erklärte, dass der Weihnachtsmann nicht fliegen würde, ging ein dunkles Raunen über den Sankt Johanner Markt, so traurig, dass Rentier Rudolf selbst traurig wurde.

Voller Reue und Schuldgefühle klopfte Rudolf an die Tür des Weihnachtsmannes, der das Geschehen die ganze Zeit verfolgt hatte und sagte: „Heiliger Nikolaus, ich habe einen großen Fehler gemacht. Ich habe den Kindern und den Familien die Weihnachtsfreude genommen. Wie kann ich das nur wieder gut machen?"

„So, so", sagte der Weihnachtsmann, „ich hatte schon befürchtet, dass du aus falsch verstandenem Stolz nicht um Hilfe bitten würdest. Wie du siehst, Rudolf, ist deine rote Nase wichtig für die Kinder. Dass dein Aussehen den anderen auffällt, bedeutet ja nicht, dass sie dich nicht mögen. Sie lächeln zwar über dich, aber sie lachen dich nicht aus. Sie staunen nur darüber und haben sogar ihre Freude daran. Nun will ich sehen, wie wir den Schaden wieder gut machen können". Er rief seine Arbeitsengel zu sich und beauftragte sie damit, in der Nacht das Gerüst fertigzustellen, das Seil zu spannen und sicher zu verankern. Dann rief er Rudolf zu: „So, du kommst jetzt mit mir. Als Strafe musst du heute den Schlitten alleine ziehen und beeil dich, damit wir noch rechtzeitig den Sankt Johanner Markt überfliegen können." Rudolf fiel ein Stein vom Herzen, legte sich das Geschirr an und rannte wie ein Blitz durch die Milchstraße, dass sogar die Sterne Platz machten.

Die Besucher wollten sich gerade auf den Heimweg begeben, als die Mondsichel, aus der in den letzten Tagen mittlerweile ein Halbmond geworden war, sich plötzlich verdunkelte und nach einer knappen Sekunde wieder erhellte. „Oh", raunte die Menge voller Furcht, denn sie dachten in dem kurzen Moment der Dunkelheit, dass die Welt untergehen würde. Dann fuhr ein Blitz mit einem Lichtstreif durch den Nachthimmel, der wie eine Sternschnuppe aussah und immer näherkam.

Plötzlich tauchte hoch oben ein hell erleuchteter Schlitten auf, in dem der Weihnachtsmann saß und ihnen zuwinkte. Nur ein einziges Rentier zog den Schlitten, dessen Nase hellrot leuchtete. „Seht doch, das ist das rotnasige Rentier. Rudolf gibt es ja wirklich." Ein Freudenschrei hallte hinauf in den Himmel. Alle Kinder begannen zu winken und riefen: „Rudolf, Rudolf".

Der Weihnachtsmann drehte eine Schleife und flog ziemlich dicht über Kommissar Martin und Polizeihauptmeister Abendrot vorbei. Er winkte ihnen zu und nickte.

„Ich könnte schwören, dass dies der selbst ernannte Weihnachtsmann ist, den wir letztes Jahr wieder haben laufen lassen", sagte Polizeihauptmeister Abendrot.

Kommissar Martin meinte: „Du hast recht. Der sieht ihm verdammt ähnlich."

Dann war das Ereignis schon wieder vorbei. Der Weihnachtsmann verschwand mit seinem Schlitten genauso schnell, wie er gekommen war. Noch einmal wurde der Mond für den Bruchteil einer Sekunde dunkel.

Die Oberbürgermeisterin nutzte die Gelegenheit und sagte: „Nun, lieber Saarbrückerinnen und Saarbrücker, liebe Gäste aus nah und fern, ich glaube, man hat mich falsch informiert. Der Weihnachtsmann wird doch wieder fliegen."

Wie durch ein Wunder fanden die Bauarbeiter am nächsten Morgen ein fertig montiertes Gerüst und ein gespanntes Seil vor. Nach einem Sicherheitscheck fuhr der Testfahrer die Strecke ab und erklärte sie für gefahrenlos und betriebsbereit.

In der Zeitung berichtete man in der Republik vom Nikolauswunder von Saarbrücken. Die Kinder aber hatten eine doppelte Freude. Denn in diesem Jahr waren alle aufgehängten Stiefel am nächsten Morgen prall mit Geschenken gefüllt.

(Ob sich dies tatsächlich so zugetragen hat, weiß allerdings nur der Heilige Nikolaus.)

Saarbrücker Christkindlmarkt

Lichterketten schmücken Häuserfronten
vor denen Zimt und Mandeln duften
auf dem Saarbrücker Christkindlmarkt

Rudi das Rentier zieht droben am Himmel
des Weihnachtsmanns Schlitten in Sankt Johann
quer über den Marktplatz mit Glockenklang

Eltern halten ihre staunenden Kinder
gebannt lauschen sie der alten Geschichte
die aus der Höhe herunter schallt

Holzfiguren von Bändern gehalten
stehen stolz auf dem Brunnenrand
auf der Bühne davor spielt ein Bläserchor

blaue Engel tanzen auf Glühweinbechern
zum Klang der himmlischen Hymnen

Ein Wunder für ein Himmelreich

Immer, wenn die Dinge unüberschaubar verstrickt waren und sich so zugespitzt hatten, dass ich keinen Ausweg erkennen konnte, hoffte ich auf ein Wunder. Der liebe Gott könnte sich doch auch meiner armen Seele erbarmen und mir einen Wink von oben schicken oder zumindest einen Engel, der mich auf die richtige Spur bringen konnte oder mich festhalten würde, wenn ich in die falsche Richtung lief.

Andere versprachen doch auch alle möglichen Wunder. Die Esoterik beispielsweise hielt ganze Buchreihen zur Lebenshilfe vorrätig, Kartenleger prophezeiten die Zukunft, Astrologen erstellten Tagespläne für das „richtige" Verhalten entlang der Sternenpfade und andere selbst ernannte Heiler führten einen in die Vergangenheit zurück, um das sogenannte Karma besser verstehen zu können, den Lebensauftrag, weshalb jeder von uns auf dieser Erde wandelte.

Der liebe Gott ließ jedoch nichts von sich hören. Es gab kein biblisches Kartenspiel, keine Reise zurück oder nach vorn, es gab nur die Gegenwart, das hier und jetzt. Doch etwas war möglich, nämlich zu beten. Beten war die direkte Verbindung zum Schöpfer, die Telefonleitung in die himmlischen Sphären, die Begegnung oder der Austausch mit Göttlichen.

Dafür gab es von der Kirche Gebetsbücher voll mit Psalmen, Anrufungen oder Impulsen zur Meditation. Das tägliche Gebet sollte zur Verinnerlichung beitragen, um das Alltägliche auf das Gott Gewollte zu hinterfragen. Ich fragte mich, wann ich zum letzten Mal gebetet, meinen Geist ganz auf die göttliche Verbindung konzentriert hatte. Gebete waren mit zunehmendem Alter verschwunden, hatten sich in der Hektik aufgelöst. Früher war das Tischgebet an der Tagesordnung.

Zugegeben, als Erwachsene würde man vielleicht anders beten. Die guten Gaben fielen nicht einfach so vom Himmel, sie mussten erst erarbeitet werden auf Gottes Erde. Ich jedenfalls war kein Vogel, den Gott ernährte, nein, alles, was ich besaß, war das Ergebnis von Arbeit.

Niemand konnte sich heute die notwendigen Dinge aus der Natur besorgen. Natur gehörte einem ja nicht. Sie war zum Besitzstand einzelner natürlicher oder juristischer Personen geworden. Obwohl Gott sie doch für alle Menschen gleichermaßen geschaffen hatte, kostenlos, ohne Steuern, Gebühren oder Abonnement.

Die Menschen hatten sich die Schöpfung im wahrsten Sinn des Wortes angeeignet. Besitztümer waren entstanden, die andere von deren Nutzung ausschlossen. Kämpfe entbrannten nicht nur um das goldene Kalb, sie entfachten auch Gewalt. Der Geist Gottes versank in den Wunden der Verlierenden, im Blut der Besiegten.

Eine ungöttliche Ordnung sorgte auch gegenwärtig für Gewaltexzesse in allen Winkeln der Erde. Vor zweitausendundsiebzen Jahren wollte Gott dies noch einmal korrigieren, den Menschen sagen: „Mein Reich ist nicht von dieser Welt", „sorge dich nicht um das Morgen, lebe" oder „eher geht ein Kamel durch ein Nadelöhr...".

Viele wohltuende Worte mit heilender Kraft. Gott kam wieder zurück in die Welt in Gestalt eines kleinen Kindes. Maria, eine unverheiratete Frau, sollte es wie einen Menschen zur Welt bringen. Das war ein Wunder. Gott als Embryo in der Gebärmutter einer ledigen Frau. Ob es heute dafür den päpstlichen Segen geben würde?

Ledige Mütter – nicht nur im Christentum „gefallene" Mädchen, ein unsäglicher Leidensweg, Entsagung, Verachtung, Missbrauch, Diskriminierung, Armut. Die Jungfrau Maria als Ikone der Wiedergeburt der göttlichen Herrschaft wurde von den Nachfahren Jesus Christus durch die Verteufelung der Sexualität, ob vorehelich oder ehelich, als Sünde im Geiste ad absurdum geführt.

Der Anbetung Mariens hatte dies allerdings nichts anhaben können. Mariengebete, sie gaben und geben vielen Frauen einen großen Halt in bedrohlich erlebten Situationen. Wie viel Rosenkranzgebete erflehten ihren Beistand und sie leistete ihn immer wieder. Mehr noch, sie erschien den Menschen und hinterließ jeweils eine Botschaft. Marienerscheinungen waren und sind Wunder und künden uns an, dass der liebe Gott auf uns ein Auge hat, auch wenn wir manchmal das Gefühl haben, in einer gottesfernen Zeit zu leben.

Vielleicht ist es aber nur die Menschenferne zum Göttlichen, die dafür sorgt, dass die Gewalt in diesen Tagen so aufbricht und die Menschheit bedroht. Vielleicht bleiben Wunder heute aus, weil wir uns von Gott abgewandt haben und nicht Gott von uns.

Die Hinwendung zum Erleuchteten kann uns erleuchten. Wir müssen es nur zulassen, sagt etwas in mir, dann geschehen Wunder. Wie heißt es noch in einem Schlager: „Wunder gibt es immer wieder, heute oder morgen werden sie gescheh'n".

Vielleicht liegt in der Adventszeit das Wunder der Gottesnähe vor uns. Können wir hoffen, dass Wunder wieder geschehen werden, dass Gott die Menschen berührt durch ein einziges Gebet? Wir werden es nicht erfahren, wenn wir es nicht versuchen.

Weihnachtsmarkt in Püttlingen

Der Morgen bricht an, es glitzert im Tannenbaum,
Kinder sich freu'n, die Welt ist ein Wintertraum.
Alles steht auf, weilt am Fenster und staunt.
Hell wird es draußen, der Wind bläst und raunt.

Das Haus wird geputzt und weihnachtlich dekoriert.
Kinder im Schnee toben, selbst der Schneemann friert.
Warm verpackt alle zum Weihnachtsdorf geh'n,
Schaufenster locken, sie bleiben dort stehn.

Alle Straßen, alle Gassen sind so festlich geschmückt.
In der Luft schwebt ein Duft süßer Weihnacht.
Kinder lachen, Eltern wachen, Menschen lächeln zurück,
überall hört man Weihnachtsmusik.

Eine Kutsche voller Kinder holpert über den Schnee,
Pferde schnauben, glatt sind Pflastersteine.
Eltern winken, viele trinken Glühwein, Punsch oder Tee.
Wenn es dämmert, geh'n alle nach Haus.

Lichterglanz, Flockentanz, im Schlitten Kinder warm saßen.
Karussell dreht sich schnell, heute ist Nikolaustag.
Glockenklang, Chorgesang, Weihnachten in allen Straßen.
Hör wie's klingt, hör wie's singt! Bald schon ist Weihnachtstag.

Der Abend bricht an. Es funkeln die Sterne schon
und voller Mond sitzt auf dem Himmelsthron.
Kinder am Fenster steh'n, schauen hinauf,
ob Rudolf den Schlitten zieht, warten darauf.

Ob auch das Rentier wirklich vorüber fliegt.
Wünsche sind groß, Hoffnung die Träume wiegt.
Eltern noch flüstern, sie löschen das Licht,

im Schlaf hören Kinder, was Christkind verspricht.
Lichterketten zwischen Ecken blinken rot, gold und grün.
Sie verpacken zu Haus die Geschenke.
Glöckchen klingen, Chöre singen, Kinderaugen erglühn,
aus dem Schlitten steigt Nikolaus aus.

Lichterglanz, Flockentanz, Kinder im Schlitten warm saßen.
Karussell dreht sich schnell, heute ist Nikolaustag.
Glockenklang, Chorgesang, Weihnachten in allen Straßen.
Hör wie's klingt, hör wie's singt! Bald schon ist Weihnachtstag.

O heilige Nacht

Heilige Nacht, die Sterne festlich scheinen
in der Nacht, als der Heiland gebor'n.
Lange die Welt in Sünde lag und Weinen.
Als Gott erschien war die Seele erfüllt.
Ein Hoffnungsschimmer die dunkle Welt erfreute,
im Glorienglanz ein neuer Morgen hellt.
Fall auf die Knie, oh hör der Engel Stimmen.
Oh göttliche Nacht, in der Christus gebor'n,
oh göttliche Nacht, oh göttliche Nacht.

Lass durch das Licht des Glaubens dich hinführen,
mit heißem Herz wir an seiner Wiege stehn.
So geh mit dem Licht durch gold'ne Sternentüren,
die frommen Waisen kamen ihn zu sehn.
Der Kön'ge König lag in einer Krippe,
für unser Wohl, gebor'n, ein Freund zu sein.
Er kennt das Leid, er wacht über Gefahren.
Sieh auf deinen Gott, hat sich erniedrigt für dich.
Oh göttliche Nacht, oh göttliche Nacht.

Wahrlich er kam den Nächsten zu lieben.
Sein Reich ist Liebe, der Welt Friedensfürst.
Er brach die Scham, dem Bruder zu dienen.
In seinem Namen Gewalt nun zerbirst
Lobsinget ihm und preist ihn alle Chöre.
In seinem Geist den heil'gen Namen ruft.
Christus der Herr, oh preiset den Namen.
Die Macht, sein Glanz immer wieder erstrahlt.
Oh göttliche Nacht, oh göttliche Nacht.
Tag voller Freude die Ewigkeit uns spendet,
er kam zu uns, sein Lichterkranz uns umscheint.
Dass jeder Ton die Schande überblendet.
Die Macht und Kraft alle Völker vereint.

Ein Glitzerschein in unsren Herzen leuchtet
für allezeit, das ew'ge Leben naht.
Fall auf die Knie, voll Freude heb die Stimme.
Oh göttliche Nacht, oh Nacht in der Christus gebor'n.
Oh göttliche Nacht, oh göttliche Nacht.

Deutscher Text zur Melodie „Cantique de Noël - Minuit, chrétiens," Musik: Adolphe Charles Adam, 1844 Text: Placide Cappeau de Roquemaure, 1847

Lawinenwarnung

Es war immer dieselbe Lawine, die da oben am Gipfelkreuz des Rosengartenmassiv lauerte und den Skifahrern am liebsten auf den Kopf gesprungen wäre, so sehr ärgerte sie sich über die Ruhestörung in den Wintermonaten. Bereits ab Oktober rührte die Werbeindustrie so viele Trommeln, dass der Lärm bis hinauf in alle Gipfel drang und König Laurin, Gott hab ihn selig, sich wahrscheinlich die Tarnkappe über die Ohren gezogen hätte in der Hoffnung, sie würde nicht nur unsichtbar machen, sondern auch den Lärm abhalten.

In diesem Winter, dachte die Lawine, werde ich die Sonne anflehen, uns ein paar überzählige Strahlen vom Südpol zu schicken, damit der Schnee auf den Hängen und Abfahrten nicht lange liegen bleibt und die Gipfelspitzen in aller Ruhe ihre Schneeplatten und Eiszapfen pflegen können. Womöglich hätte dann der verschwundene Rosengarten König Laurins noch einmal aufgeblüht und alle mit ihrem lieblichen Aroma verwöhnt.

Rosenblüte im Eismeer, träumte die Lawine und tropfte voll Rührung vor sich hin. Die Vorstellung übermannte sie so sehr, dass sie das Weinen nicht mehr unterdrücken konnte und sie sich in Auflösung befand. Das kleine Bächlein hüpfte von Fels zu Fels, um sich schließlich in einen größeren Wildbach zu verwandeln, der sprudelte und sich durch alle Windungen des Gesteins hindurch schlängelte und schließlich irgendwo im Tal anlangte.

Jedenfalls wässerte er die Wiese, die ihn auffing und sich über die Feuchtigkeit freute, denn tatsächlich war bis in den Dezember hinein noch kein Schnee gefallen. Vom Blumenschmuck war nur noch die Winterrose übrig, die Nieswurz, die für so viele Dinge bei den Menschen herhalten musste. An diesem Tag jedoch labte sie sich an den Tränen der Lawine und entfaltete vergnügt ihre lieblich samtig-weißen Blütenblätter, stellte ihre Blütenstempelchen auf und blickte voll Dankbarkeit zur Felskrone der Rosengartengebirgskette auf.

Die Lawine aber, die von oben das gelbe Blinken vernahm, dachte, dass die Sonne den Stoßseufzer gehört haben musste und schwor bei Laurin, die Skifahrer aus Dankbarkeit von ihren Brüdern und Schwestern verschonen zu lassen. Die Christrose aber dankte der Schöpfung für die feuchte Gabe und faltete die grünen Blätter zum Gebet für das Jesuskind, das sie in diesem Jahr pünktlich zum Geburtstag mit ihrem Blumenschmuck würde erfreuen können.

Stille Schritte

Du musst die Schritte
leise lenken im dichten Schnee der Parke,
entlang unsichtbarer Fäden. – Harke
nicht die Vogeltritte,
die mühsam hüpfen, sich durchwühlen
im dunkelnden Gesang, im Kühlen
verloren, trauernd nach Licht....

Vergesse das Trübe, das Düstern. Nicht
eilend kannst du die Spur der Sterne
sehen. Ein Sinnen strahlt herab aus der Ferne,
umweht das Wandeln, mystische Zeit des Werdens.
Hingeht die Stille über Erdens
verblasstem Kleid.

Und von weit, von weit
taumeln Flocken auf die ausgestreckte Hand.
Schreite mit der Stille durchs wartende Winterland.

Dann fällt doch Schnee

Advent ist heuer,
es ist der erste,
alles wird teuer,
nicht nur das Schwerste.
Fällt noch kein Schnee,
ist keine Stimmung,
still ruht der See,
das Licht liegt in Dimmung.

Der Weihnachtsmarkt lockt
erwartungsvoll Kinder,
das Karussell dreht
festgenagelte Rinder.
Und mittendrin
grüßt der Weihnachtsmann,
schnell zieht er Kinder
in seinen Bann.

Am zweiten Sonntag
ruft Glühweinduft,
Trommeln schlagen,
ein Grill verpufft.
Kinder malen Sternenbilder,
schneiden sie aus,
basteln Hinweisschilder,
ein Weg wird daraus.

Dritter Advent,
es wird wieder kälter.
Maronen schmoren
im Papierbehälter,
Popkorn duftet
und geröstete Mandeln,

ein Kinderchor bittet,
die Welt soll sich wandeln.

Endlich fällt Schnee
und Eisblumen wachsen.
Beim heißen Tee
die Eltern flachsen.
Draußen bau'n Kinder
Schneemänner im Frost.
Zeit dreht sich geschwinder,
Sterne wandern von Ost.

Die Kerzen zünd an,
heut auch die vierte,
die Nacht begann.
Wo ist der Hirte,
der's Kindchen bewacht,
den Frieden auf Erden,
der Türen aufmacht,

dass alle Beschwerden
die Menschen heut tragen,
im Lichtschein vergeh'n,
wenn das Heil wir wagen
und zu Christus aufseh'n.

Moselfränkische Übertragung des Liedes „Heidschi bumbeidschi" : Trad.
Volkslied aus Österreich, 19. Jhd., Verf. Unbekannt

Awa Heidschi Bumbeidschi

Awa heidschi bumbeidschi schlòòf scheen lòng,
dein Mama die is schunn lòng furt gòng,
se is uf da Schees un kummt lòng noch nit hämm,
un lisst dat klään Bubbelschin gònz alään.
Awa heidschi bumbeidschi bum bum,
awa heidschi bumbeidschi bum bum,

Awa heidschi bumbeidschi schlòòf gònz sejß.
De Engelscha schicken dia scheen Grejß,
se lòssen deich grejßen und lossen deich fròòn,
ob dau wilscht gehn hoch uf de Himmelsbòòn.
Awa heidschi bumbeidschi bum bum,
awa heidschi bumbeidschi bum bum,

Awa heidschi bumbeidschi em Himmel,
dò fäat än schneeweißa Schimmel,
druf sitzt än klään Engel met äna Latern,
dò scheint dia vom Himmel da allascheenscht Stern.
Awa heidschi bumbeidschi bum bum,
awa heidschi bumbeidschi bum bum,

Da heidschi bumbeidschi is kumm dònn
hat's Bubschin gehòll un is furt gòng,
er hat it gehòll und hat's nimme gebrung,
mia saan dia gut Naat, hònn dein Littchin gesung.
Awa heidschi bumbeidschi bum bum,
awa heidschi bumbeidschi bum bum.

Moselfränkische Übertragung de Liedes „Tauet, Himmel, den Gerechten!"
M: N. Hauner Bearb. M. Haydn T: M. Denis

Himmel tau uf den Gerechten

„Himmel tau uf den Gerechten!
Wolken reenen uf ihn uus",
hat it Volk gerouf in Nächten,
Gott hat voagesiin dat als Buuß,
selwa louen Gott im Himmel,
una hälischen Gebimmel,
zougesperrt foa uus dat Doa,
bis da Hälònd stett davoa.

Volla Mitlääd hat dat Flehen
Gott gehaet uf seinem Thron.
All die Leit soll'n jetzt hingehen,
gin gehäält durch Gottes Sohn.
Schickt de Engel zu us runna,
soll vazeelen von dem Wunna.
Lou, eich bin em Herrn sein Maat,
it passiat wie ea gesaat."

Sein Wort is dò fruchtbar woa gin
in Maria fromm un rein.
Himmelsdüren jetzt dò uf sin,
Gott will uus als Brouda frein.
Tante Lisbeth hat voll Frääd
gratuliat gònz ohne Lääd.
Woa in Umstänn selwa aach
mem Johannes, it freit sich aach.

Drei Weihnachtsmänner

Fast ihr ganzes Leben brachte sie in Saarlouis im Stadtteil Fraulautern zu, in diesem Ort, in dem sie geboren wurde und aufwuchs, der ihr Heimat und Zuflucht war. Jede Straße war ihr vertraut, überall wuchsen ihr Geschichten entgegen, hallten aus den Gassen wie Choräle und übertönten zuweilen auch die Gegenwart.

Der einsetzende Bombenhagel des Krieges zwang sie, mit ihrer Tochter zu fliehen. Nach der Evakuierung kehrte sie wieder zurück. Gemeinsam mit ihrem Mann, der zu Fuß aus Russland heimkam, baute sie ihr zerstörtes Haus noch einmal auf.

Während sie so über Vergangenes und Gegenwärtiges nachdachte, färbte der schneidige Wind ihre Wangen rot. Vereinzelte Schneeflocken hüpften auf die Erde und machten sich daran, eine Schneedecke zu bilden. Einige ließen sich auch auf ihrem lodengrünen Kopftuch nieder.

Sie war zweiundsiebzig Jahre alt. Als sie jung war, erschien ihr dieses Alter ein unermesslicher Zeitraum zu sein, den sie nicht begreifen konnte. Heute war es der natürliche Ablauf ihres Lebens, nichts Besonderes oder Ungewöhnliches, nur viel zu kurz. Sie fühlte sich nicht alt.

Wäre sie berufstätig gewesen, befände sie sich schon lange im Ruhestand. - Im Ruhestand? Was bedeutete das schon? War man abgeschoben oder aufgehoben? War es das Ende oder der Beginn einer neuen Lebensphase? Sie hatte immer noch keine Antwort darauf gefunden, nur die Einsamkeit vergrößerte sich mit jedem Jahr.

Seitdem ihre Tochter mit Mann und Kind nach Belgien umziehen musste, kam sie sich manchmal sehr allein vor. Die anfänglich wöchentlichen Telefonanrufe wurden immer seltener, Geburtstage wurden wegen der Entfernung mit Feiertagen zusammengelegt, schließlich kostete die Fahrt nicht gerade wenig und bei ihrer Rente nicht öfter als zweimal im Jahr zu bezahlen.

Dieses Jahr war Susanne mit ihrer Familie über Weihnachten in die Schweiz geflogen. Da sie vor dem Fliegen eine unüberwindliche Angst hatte, blieb sie zu Hause. Morgen war Weihnachten. Bei diesem Gedanke krampfte etwas in ihrer Brust. Sie musste anhalten. Menschen hasteten unachtsam an ihr vorbei, einige rempelten sie an, ohne sich umzudrehen oder sich zu entschuldigen. So kurz vor Ladenschluss hatte keiner mehr Zeit. Nach ein paar Atemzügen setzte sie ihren Weg wieder fort.

Warum sie auch heute in die Stadt ging, ausgerechnet am letzten Einkaufstag vor Heilig Abend. Sie staunte über ihre Gedankenlosigkeit, doch dann dachte sie, dass hier wenigstens Menschen waren, auch wenn einige unfreundlich oder grimmig an ihr vorbeischauten oder sie gar nicht wahrnahmen. Sich unter Personen zu befinden, ihre Hast und Eile zu spüren, ihr Lärmen und die Geräusche des Stadtverkehrs, all das erschien ihr in diesem Moment wichtiger zu sein als ihre eigene, nicht mehr ganz so vitale Konstitution.

Kam da nicht Frau Meiers auf sie zu? Sie winkte von der anderen Straßenseite zu ihr herüber. „Guten Tag Frau Meiers", rief sie ihr zu und wechselte die Straßenseite. „Sie sind heute in der Stadt?" fragte ihre Bekannte erstaunt.

„Fahren sie denn nicht nach Antwerpen?"

„Dieses Jahr nicht, Frau Meiers. Susanne ist in die Schweiz geflogen zum Skifahren."

„Wollten Sie denn nicht mitfahren?"

„Ach, wissen sie, die jungen Leute heutzutage müssen so viel arbeiten, da wollen sie auch mal unter sich sein. Außerdem fliege ich nicht, ich hab zu viel Angst davor. Unter den Himmel da trau ich mich nicht. Die Menschen sollten ihre Beine benutzen, dazu sind sie ihnen schließlich gewachsen."

„Sie hätten doch mit dem Zug nachreisen können."

„Ja schon, aber alleine reisen in meinem Alter ist auch nicht so einfach."

„Haben sie wenigstens ein paar Bekannte eingeladen?"
„Nun, Ida ist auch weggefahren. Und an so einem Tag kann ich doch meinen Freundinnen nicht zumuten, zu mir zu kommen."
„Aber jetzt sind sie ganz allein. Da fällt mir ein, dass die Caritas eine Weihnachtsfeier für alleinstehende ältere Menschen organisiert hat. Gehen sie doch dorthin."
Frau Kramer gefiel dieser Gedanke nicht. Was sollte sie unter all diesen alten Leuten? Sie unterhielt sich viel lieber mit jüngeren Menschen. „Ach was, ich bleib lieber zu Hause. Unsereins hat schon ganz andere Dinge überstanden."
„Ja wenn sie meinen. Ich muss nun auch wieder los. Schöne Feiertage Frau Kramer."
„Ja, ihnen auch, schöne Feiertage Frau Meiers."
Frau Kramer sah ihr nachdenklich hinterher. Wie gut sie es doch hatte, lebte bei ihrer Tochter im Haus, half im Haushalt und sah die Enkelkinder aufwachsen. Sie stellte sich vor, wie das wäre, wenn Susannes Mann hier Arbeit gefunden hätte. Dann wären sie sicher hier geblieben. Sie konnte Susanne keinen Vorwurf machen. Ganz im Gegenteil, sie musste Gott dafür danken, dass sie so einen liebevollen Mann gefunden hatte, der sich um sie kümmerte.

Sie nahm ihren Mut wieder zusammen und kam an den Eingang des größeren Kaufhauses Pieper. Ein weißbärtiger alter Mann saß in der Ecke und hielt den Hut auf. Sie suchte in ihrer Tasche nach der Geldbörse, nahm einen Zehnmarkschein und legte ihn in den zerknautschten Hut. Der Bettelnde dankte ihr.

Sie ging hinein. Die Heizungsluft war viel zu warm, aus den Lautsprechern tönten laut Weihnachtslieder. Es herrschte reges Gedränge, am Weihnachtsstand suchten viele noch nach Dekorationsartikeln.

„Wir haben aber einen echten Tannenbaum", hörte sie einen Jungen zu seinem Freund sagen. „Papa fährt mit mir jedes Jahr zum Förster, damit wir uns einen Baum aussuchen können."

Der arme Wald, dachte Frau Kramer. Jedes Jahr wurden unzählige Bäume geschlagen, und das nur für ein paar Wochen. Genügten nicht auch ein paar Zweige. Und dieser Baumschmuck! Perlenketten, Keramikengel, buntes Lametta, künstliche Kerzen! Noch niemals hatte sie künstliche Kerzen benutzt. Der Geruch von Bienenwachs gehörte für sie zum Fest wie der Glühweinduft, dieses Aroma von Zimt und Nelken.

Sie ging um den Stand herum und fand sie schließlich. Als sie eine Packung nahm, erinnerte sie sich an das Weihnachtsfest in der Evakuierung. Sie war mit Susanne bei einem Bauern untergekommen. Brot hatten sie und ein Dach über dem Kopf. Damals war das viel, auch wenn sie dafür hart arbeiten musste. Geschenkt bekam sie wirklich nichts im Leben.

Aber an Weihnachten schenkte ihr der Bauer eine Kerze aus Bienenwachs. Die steckte sie zwischen ein Tannengebinde, das sie notdürftig hergerichtet hatte. Das Licht flackerte und sie sang mit Susanne ‚Oh du fröhliche, oh du selige'.

Trotz all der Entbehrungen keimte in diesem Moment ein Gefühl der Geborgenheit auf und befreite sie für wenige Minuten von der Bitterkeit dieses grausamen Kriegsspektakels, das Millionen Menschen den Tod brachte und nichts als Zerstörung, Trauer und Schuld hinterließ.

„Drei Euro vierzig", sagte die Kassiererin. Frau Kramer schreckte aus ihren Gedanken auf und zahlte. Plötzlich fühlte sie sich müde und abgespannt. Der Kaufhausrummel störte sie. Als sie die Kerzen verstaut hatte, machte sie sich auf den Heimweg.

Am nächsten Morgen schmerzten ihre Beine. Es war wohl doch zuviel gewesen. Nur das Notwendigste konnte sie erledigen. Zu sehr plagte sie dieses Ziehen in den Knochen und die Müdigkeit. Ach, wäre sie doch bloß zu Hause geblieben! Am frühen Nachmittag legte sie sich aufs Sofa, wickelte ihre karierte Wolldecke um sich und schlief ein.

Sie wusste nicht, wie lange sie geschlafen hatte, als sie durch das Läuten der Türklingel geweckt wurde. Es war schon dunkel geworden. Sie zündete eine Kerze an und mühte sich an die Tür.

Draußen standen drei vermummte Mädchen mit bepackten Händen und sangen zitternd vor Kälte: „Vom Himmel hoch, oh Englein kommt, eja, eja, susani, susani, susani."

Frau Kramer war so verblüfft, dass ihr die Worte fehlten. „Fröhliche Weihnachten wünscht ihnen der Jugendclub. Alles Liebe und Gute und vor allem Gesundheit fürs kommende Jahr."

Frau Kramer war gerührt. Tränen rannen über die nun auch vom Kissen faltige Haut. Einen Augenblick rang sie nach Luft, dann sagte sie: „Fröhliche Weihnachten, fröhliche Weihnachten zusammen. Kommt doch herein, ich bin ganz alleine hier."

Sie drückte den Mädchen die Hände und diese freuten sich, dass ihre Idee, Weihnachten in die Tat umzusetzen, so erfolgreich war. Sie überreichten Frau Kramer ein Geschenk, Frau Kramer wärmte den Glühwein auf, packte Weihnachtsplätzchen aus, legte eine Schallplatte mit Weihnachtsliedern auf und plauderte die halbe Nacht mit ihren Weihnachtsmännern, die ihr wohl der Himmel geschickt haben musste.

Moselfränkische Übertragung des Liedes „Es wird scho glei dumpa" Musik
und Originaltext: Anton Reidinger 1884, Österreich, Tirol

It gift jò gleich dunkel

It gift jò gleich dunkel, it gift jò gleich Naat.
Eich gehn bei de Häälònd, weil dea uf meich waat.
Eich singen än Littchin, dem Kindchin, dem Klään.
Dau konnscht sunscht nit schlòòfen bis eich dò geween,
heija, heija, schlòòf scheen mein léjf Kind.

Vagess nua mein Kindchin dein Kumma, dein Lääd,
dass dau muscht so leijen ohn Bux und ohn Klääd.
Die Engel die hallen im Stall deich scheen waam,
nit waama än Keenisch hat's met all sei'm Kram,
heija, heija, schlòòf scheen mein léjf Kind.

Oh Kindchin, dau leischt in da Kripp jò so scheen.
Eich glaaw, eich kònn ga nimme jetzt von dir gehn.
Eich winsch dia von Herzen än gònz siiße Rou.
Vom Himmel die Engelscha decken deich zou,
heija, heija, schlòòf scheen mein léjf Kind.

In Rou mach die Guckelcha zou un in Fried
un gif mia zum Abschied dein Sejen noch mit.
Dònn kònn eich aach schlòòfen von Sorjen gònz frei,
dònn kònn eich meich hinleen und froh sin dabei,
heija, heija, schlòòf scheen mein léjf Kind.

Das Weihnachtskonzert

Frau Strauß hatte sich zum Christkindlmarkt in Saarbrücken im Hotel Excelsior einquartiert und wollte weiter nach Wien. Um dort ein Hotelzimmer zu buchen, rief sie den Portier an.

„Hallo, ist dort die Rezeption? Hier ist Frau Strauß, Zimmer dreizehn."

Am anderen Ende meldet sich der Aushilfskellner Giovanni Calabrese, der mit der deutschen Sprache noch nicht sehr vertraut ist: „Ja, buon giorno, hier Giovanni Calabrese"

„Können Sie mir bitte in Wien ein Zimmer reservieren. Ich fliege morgen nach Wien. Am besten in der Stadtmitte in der Nähe des Stephansdoms."

„Olala, Sie warten, ich mussen in Buch sehen." Giovanni blättert im Gästebuch, das er für das Reservierungsbuch hält: „Es tun mir leid. Alles vollgeschrieben. Wir keine Zimmer freihaben, impossibile, ausgebucht. Iste Natale, Saarbrucker Christkindlmarkt. Bitte Sie versuchen nach Weihnachten!" Er legt auf.

Frau Strauß wählt neu: „Hier ist noch einmal Frau Strauß, Zimmer dreizehn! Ich brauche ein Zimmer in Wien, nicht hier in Saarbrücken! Verstehen Sie mich? Was ist daran eigentlich fatal?"

„Oh, sie in Wien? Ich sie gut verstehn. Alle Sträuße kommen aus Wien. Küss die Hand gnä Frau. Das tun mir sehr leid, scusi, aber iste wirklich nix mehr frei. Natale. Wien wird bei Nachte auch schöner."

„Nein, ich bin nicht in Wien und komme auch nicht aus Wien, ich bin hier in Saarbrücken! Das ist nicht fatal, sondern normal. Verstehen Sie, ich möchte lediglich, dass Sie mir in einem Wiener Hotel ein Zimmer buchen!"

„Sehr wohl, grande Signora, sie gebucht für Wien. Aber hier ist nichte Wien, hier iste Saarbrucken, Straußenfrau, iste molto bene, große Schloss, Ludwigskirche, alles Barockoko, wie Schloss Schönbrunn, äh, äh mir fahre auch mite Schiffche auf Saar, nicht auf Donau, hier viele Schwäne, nix Straußenvogel."

Frau Strauß wird ungehalten: „Das ist jetzt nicht ihr Ernst. Das weiß ich doch alles, ich habe doch hier ein Zimmer gebucht. Ich wohne hier."

„Sie bei uns gebucht? Viele schöne Schwäne, grande Signora!"

Jetzt wird Frau Strauß ärgerlich: „Ja mir schwant auch gleich etwas. Jetzt schlägt's gleich dreizehn. Ich wohne nämlich in Zimmer dreizehn!"

„Oh, gnä Frau, iste Zimmer nicht gut genug? Iste mit dreizehn Zahl unglucklich? Nix schlagen dreizehn. Iste nur Freitag. Morgen besserer Tag. Aber unsere Speisekarte iste imma belissima, fantastico, Pizza, Pasta, Wiener Schnitzel, Wiener Strudel. Alles Strauß, gnä Frau."

Frau Strauß versucht, sich zu beruhigen und sagt: „Es ist alles in Ordnung, ja, ja, aber ich fliege nach Wien zum Weihnachtskonzert in die Wiener Oper. Außerdem heißt das „Alles Walzer" beim Opernball, auch wenn alles von meinem Namensvetter Strauß ist."

„Oh, Wien, nixe Strauß? Iste bessa Opera buffa. Rigoletto." Giovanni fängt an zu singen: „La donna e mobile."

„Also bitte, Sie müssen schon mir überlassen, in welche Aufführung ich gehe. Sie können Guiseppe Verdi ja in Venedig im Teatro La Fenice bewundern."

„Nix für gut, grande Signora. Sollen ich Gepäck holen lassen für Flughafen? Iste schlechte Wetter morgen, Schneesturm, nix opera buffa, alles Walzer, Straußenvogel, sie mussen fahre mite Schiffche bis Donau, gnä Frau, wie Vogelhändler."

„Ich fliege aber morgen! Der Flug ist nicht abgesagt. So schlimm kann es also nicht sein. Und ich bin auch kein Vogelhändler!" Das letzte Wort kam ihr etwas ungestüm über die Lippen.

„Bene, sehr wohl, wie Sie meinen, ich verstehe, Giovanni nix gut, Freitag, der dreizehnte. Gute Nacht! Küss die Hand gnä Frau." Giovanni legt wieder auf.

Frau Strauß trinkt auf den Schreck erst ein Glas Wein und wählt dann neu: „Hier ist noch einmal Strauß. Ach bitte, buchen sie mir aber nur ein Zimmer mit Dusche oder Bad."

„Scusi, uno Momento." Herr Calabree blättert wieder im Gästebuch. „Iste leider alles voll, Natale, Saarbrucker Christkindlmarkt, ausgebucht."

Frau Strauß glaubt, sich verwählt zu haben und fragt nach: „Spreche ich mit der Rezeption? Ich habe eben schon angerufen. Ich möchte kein Zimmer in diesem Hotel, weil ich schon eins habe, und zwar logiere ich in Zimmer dreizehn."

„Hier iste wieder nix gute Giovanni, gnä Frau. Ah, bene dass jemand will Freitag dreizehntes Zimmer, gutes Zimmer mit Bad". Er legt den Hörer beiseite und blättert weiter. „Signora, iste leider alle Seiten besetzt."

Frau Strauß wird jetzt ärgerlich: „Ja Herrschaftszeiten, dieses Zimmer belege ich doch schon seit einer Woche und morgen wird es frei!"

„Verstehe. Sie wollen nichte Zimmer 13, doch Angst vor munaciello, Geist kommt aber nur in Nacht. Vielleicht doch lieber anderes Zimmer?"

Frau Strauß empört sich: „Das darf doch nicht wahr sein. Nein, nun einmal ganz langsam zum Mitdenken, damit sie auch alles richtig verstehen. Ich, Frau Strauß, nicht Straußenvogel, und ich bin auch kein Vogelhändler, ziehe morgen hier aus und möchte am Samstag ein Zimmer mit Bad in Wien in der Nähe des Stephansdoms, weil ich Karten für das Weihnachtskonzert in der Wiener Oper habe und nicht für Rigoletto in Venedig! Außerdem singen sie denkbar schlecht, sie Möchtegern-Caruso."

Giovanni Calabrese fühlt sich nun ungerecht behandelt. Schließlich hatte er an seinem freien Tag die Vertretung für den Portier übernommen, damit dieser Urlaub machen konnte. „Olala, ich nix Caruso, aber singe in coro italiana immer Solo. Ihre Stimme iste auch nichte Callas, sie wie Krimhilde, Rheingold, iste auch untergegangen. Also wollen buchen für Samstag, nichte Freitag, der dreizehnte, gnä Frau?"

Frau Strauß bemüht sich um Höflichkeit: „Richtig, für Samstag."

„Gut. Dann ich mussen nachschauen." Er blättert wieder im Buch. „Signora mite Bad?"

„Ganz genau."

„Sie Gluck haben, Signora! Ich habe noch Seite, gefunden, munaciello hat wieder zuruckgebracht, Samstagmorgen Zimmer für sie frei! Sie sagen können zum Abschied Servus, gnä Frau."

Frau Strauß atmet auf: „Na, endlich! Das hat ja lange gedauert."

„Dreizehntes Zimmer morgen wird frei!"

Ein Stern leuchtet in Dunkelheit

Ein Stern leuchtet in Dunkelheit,
weist einen Weg zu dir.
Er leuchtet bis in Ewigkeit,
bis an die Himmelstür.

Sein Licht erzählt von einer Nacht,
geboren ward der Christ,
der Herr der Herrlichkeit uns wacht,
der nicht mit Sünden misst,

Ein Gott, der Erd und Himmel schuf,
erlöste uns're Welt,
vom Himmel hallt der Engelsruf
den Hirten auf dem Feld.

So lasst uns alle weitergehn,
nach Bethlehem uns ziehn,
das Christuskind uns anzusehn,
uns vor ihm niederknien.

Von Herz zu Herz die Freude siegt,
es strahlt ein heller Schein,
das Jesuskind im Stall dort liegt,
lädt uns zum Leben ein.

Schöne Bescherung

Samstag vor Heiligabend. Elisabeth Hollischek schmückt den Tannenbaum und räumt die überzähligen Glocken in die Schachteln zurück. Sie knipst die elektrischen Kerzen an und sagt zu ihrem Mann, der neben dem Tannenbaum auf der Couch sitzt und in der Zeitung liest: "Na bravo, es brennt. Do follt mir grod ein. Liebling, mogst ma des Licht in der Diele vor Heiligabend austauschen? Es flimmert jetzt schon wochenlong, als wenn'd im Prater im Lusthaus sitzen tätst."

Er schaut sie an und sagt verständnislos: "Mochst wohl Scherze? Unser Haus a Lusthaus? Des wüsst i ober. Dös Lichtertl is scho long aus. Ausgerechnet heut noch soll i das Birnchen austauschen? Des is doch das anzige, wos hier noch flimmert. Jo glaubst vielleicht, i bin dein Elektriker? Dös konnst gonz schnell vergessen."

Die Frau ist leicht pickiert und sagt: "Jo, wennsd meinst. Dann soll's holt weiter flimmern, wenns bei dir nimmer brennt. Vielleicht schaut's jo von draußen wie a Lichterkett aus."

Sie geht an den Kühlschrank um das Abendessen vorzubereiten. Die Tür lässt sich nicht mehr fest verschließen. Sie sagt: „Vaflixt, des hob i gonz vergessen. Die Tür schließt nimmer. Bittschön, mogst vielleicht die Kühlschranktür nachschauen. Sie geht nimmer gonz zu. Olls kühlt in der Küch aus. Man könnt meinen, wir würden in am Leichenhaus wohnen, so kolt wie dös is."

Der Ehemann blickt etwas genervt aus der Zeitung auf und sagt: „Wos, wos host du grod gsogt? Unser Küch wär so kolt wie a Leichenhaus? Moanst du vielleicht den Weaner Friedhof. Do schpühn's wenigstens noch a Wolzer om Grob von Johann Strauß. I soll dir jetzt die Kühlschranktür in Ordnung bringen gonz ohne a Musi? Jo glaubst du, i bin a Handwerker? Dös konnst gonz schnell vergessen."

Die Frau wird langsam ärgerlich. „So, des mochst ma a net mochen! Jo vielleicht is das zu schwierig für a Fiaker. Der braucht a nur die Peitschen schwingen statt selber laufen. Es gäb noch wos zum Tun. Vielleicht konnst ma dobei hölfen. Guck dir unsere Holztreppe im Stiegenhaus o. Stell dir vor, des wär Schloss Schönbrunn und unsere Kaiserin Sissi tät Hof holten om Stephanstog, da würden's jo oll Leit drum herum stolpern anstatt Wolzer tonzen."

Der Ehemann ist nun sichtlich genervt und poltert: weiter „Ha, an Schloss! Und donn a noch Schloss Schönbrunn! Du wollst doch schon immer hoch hinaus. Weißt wos, bei dir tät's noch net amal für a Hofdame reichen. Und jetzt meinst, i soll vor Weihnachten noch den Hammer schwingen und oll's, wos di im gonzen Johr net gstört hot, in Ordnung bringen? Jo krutzifix, bin i a Schlosser, Elektriker, Zimmermonn oder an Fiaker? Mir reicht's jetzt. I geh zum Heurigen am Grinzinger Weinsteig. Do gnehmig i mir a poa Viertel auf den Schreck. Vielleicht find's jo an Dummen, der des olls noch vor Weihnachten mocht. I jedenfolls net."

Am nächsten Morgen sitzt Elisabeth Hollischek summend am Kaffeetisch in der Küche und liest in der Zeitung. Der noch betrunkene Ehemann kommt herein und hat ein schlechtes Gewissen: "Mein olles Sissilein, Liebling, wer hot des denn olls gmacht? Das Lusthaus beleuchtet, Wolzer von Strauß aufgelegt und den Aufgang zum Schloss grett?"

Die Ehefrau dreht sich um und sagt: „Jo, wos hätt i denn mochen soll'n, wann's du nur granteln kannst und ins Wirtshaus läufst? I hob den Nerzmantel von der Tante Ida übergworfen und bin an Fiakerplatz am Stephansdom glaufa. Deine Kollegen hobn mi gonz verdutzt ogschaut. Do hob i laut gschrien: Hülfe, Hülfe! Die Donaumonarchie geht unter."

Der Ehemann fällt erschrocken in den Stuhl: „Jo bist du denn noch gscheit! Wos host gmocht? Bei di Kollegen bist glaufa und hast um Hülfe geschrien?"

„Gnau, des hob i gmacht. Und weißt, do kummt a ungarischer Rittmeister, a gonz junger, weißt. Der hot mi ogschaut und gfrogt, wieso denn die Donaumonarchie untergehn würd und wos i für a Hülfe braucht. I hob erzählt, wos olls schief läuft bei uns, weil du net imstand bist, mir zu hölfen. Mein Gspusi würd lieber beim Heurigen sitzen und a Wein trinken. Wos meinst, hot der do gsogt?"

„Wos, wos soll der scho gsogt hobn, wie der di gsehn hot in dem oiden Nerzmantel? Woascheinlich, dass du die Kurvn kratzen sollst! Und außerdem, wos geht des überhaupt d'Leut an, wann i beim Heurigen sitz. Des is jo nedlich, so wos!"

„Jo, wenn's meinst. Jedenfalls hot mir der Rittmeister angeboten zu hölfen. Aus oita Verbundenheit zu meiner Namensvetterin der ungarischen Königin Sissi!"

„Jo so a Strizzi! Noch so a deppata Sissianhänger. Am besten mochst a Club der enterbten Monarchisten auf. Hot der vielleicht a noch a Uniform oghobt, der Gspinnerte?"

„Na, des net grod. Aber fesch woar a scho. Jedenfalls wollt er mir hölfen."

„So, hölfen wollte a. Wos hot a denn gsogt, wos des kosten soll?"

„Er hot gsogt, er tät olls wieder in Ordnung bringen. Des Anzige, wos i mochn müsst, wär entweder mit ihm das Lusthaus wieder zu beleben oder ihm a fürstliche Sachertorten zu Weihnachten zu backen."

„So, so, es sind auch schon Kaiser gstorbn. Is noch a Stickerl von der Torten übrig?"

„Jo glaubst vielleicht, i bin die königliche Hofbäckerei?"

Der Weihnachtsbaum

Komm, du schöner Weihnachtsbaum,
träum mit mir den Weihnachtstraum,
dass auf allen deinen Ästen,
angeknickten, lock'ren, festen,
es leuchtet, funkelt, strahlt und glänzt,
von Lichterketten ganz umkränzt.

Gold'ne Glocken, Engelslocken,
prall gefüllte Weihnachtssocken,
Haselnuss und Mandelkuss,
lang gezog'ner Zuckerguss,
rote Kerzen, Silberherzen
mit verpackten Schokoscherzen.
Baumspitze und Perlenreihen
dir den letzten Schliff verleihen.

Ist die Festtagsfracht verladen,
hängt alles am Silberfaden,
denn die Tanne stöhnt und ächzt,
wie ein alter Rabe krächzt.

Hab ich es wohl übertrieben
mit den Wünschen, Weihnachtslieben?
Tanne, bleib doch stehn, du Gute,
sonst krieg ich des Ruprechts Rute!
Wenn du fällst voll Überdruss,
ist's mit feiern zeitig Schluss!

Hätt' ich mich vorher doch gezügelt,
hätt mich der Glanz nicht überflügelt,
denn in stiller Nacht allein
reichte aus ein Sternenschein.

Kerzen hätt ich angezündet,
dass mich Gottes Liebe findet
und gewacht am Tannenbaum
unter weißem Engelsflaum.

Gottes Sohn kam in die Welt,
Liebe in den Händen hält.
Ew'ges Leben, Glück und Frieden,
sind von Gottes Sohn beschieden.

Ein Wunder

Versprungen im Köllerbach litt still ein Reh.
Kinder es fanden, zu ihm sprachen: „Geh".
Doch ragte ein Dorn aus der Hufe heraus.
Es konnte nur humpeln, kam nicht mehr nach Haus.

Zum Doktor sie vorsichtig es hingeschafft,
die Hufe verblutet, die Wundhaut weit klafft.
„Das wird, wie es aussieht, eine läng're Geschichte,
da müsst ihr mir helfen, die Hufe ich richte."

So kamen die Kinder nun Tag für Tag,
brachten Futterkörbe zum Reh ins Gelag,
mit Hafer füllten sie artig die Krippe,
bis es zurück konnte zu seiner Sippe.

Am heiligen Abend geschah das Wunder,
das Reh lief ins nahe Gebüsch zum Holunder,
kam wieder heraus, sich der Pflege besann.
Den Kindern von den Augen eine Träne rann.

Das Reh nickte, sprang in den Wald still beglückt.
Den Kindern klopfte das Herz wie verrückt.
Der Doktor nahm sie in die Arme ganz sacht,
übersät mit Sternen war auf einmal die Nacht.

Deckname Weihnachtsmann

Frau Schmidt lebte mit ihrem Mann und dem kleinen Rudi in ihrem neu gebauten Haus und wünschte sich nichts sehnlicher als ein zweites Kind. In der Woche vor Heiligabend schmückte sie die Wohnung ganz festlich und war danach ziemlich erschöpft. Sie legte sich auf die Couch und fiel in einen tiefen Schlaf.

Sie träumte, dass sie ihren Briefkasten leerte und einen Brief fand mit folgendem Inhalt: Aufgrund der schwindenden Kinderzahl hat die deutsche Regierung folgende Verordnung erlassen: Deutsche Ehepaare sind verpflichtet, mindestens zwei Kinder zu zeugen. Ansonsten droht Ihnen eine Zwangsbegattung durch die Anstalt Kindersegen. Dort arbeiten extra hierfür ausgebildete Begatter. Sie kommen nach Ablauf des fünften Ehejahres unangemeldet bei der Ehefrau vorbei und melden sich unter dem Decknamen Weihnachtsmann.

Der Traum war sehr verwirrend. Sie lag noch träumend auf der Couch, als es klingelte. Noch völlig schlaftrunken öffnete sie die Tür.

„Guten Morgen Frau Schmidt!" sagte der Unbekannte. „Guten Morgen", grüßte sie höflich zurück.

„Entschuldigen Sie bitte, Sie werden sicherlich nicht wissen, weshalb ich so kurz vor Heiligabend bei Ihnen vorspreche?" fragte er. „Das macht doch nichts. Um was handelt es sich denn?" wollte sie wissen.

„Nun, ich komme in der Angelegenheit Weihnachtsmann."

Sie erschrak: „Aber wir haben doch noch Zeit."

„Aber jemand hat es damit ganz eilig damit gehabt, wissen Sie. Klaus ist übrigens mein richtiger Name, Frau Schmidt, komplett heiße ich allerdings Nikolaus. Das lasse ich aber lieber weg. Die meisten erschrecken bei diesem Namen. Ich bin Experte in..."

„Das müssen Sie jetzt nicht erklären, wirklich nicht", sagte sie verwundert.

„Sie sind schon informiert? Gut. Könnte ich vielleicht meine Arbeitsausrüstung irgendwo abstellen, damit wir alles besprechen können?" fragte der Mann, der sich Klaus nannte.

„Arbeitsausrüstung?" Sie holte Luft: „Ja, ja, natürlich. Bringen sie alles in die Küche."

Er brachte alles in die Küche und kam mit einem Fotoalbum zurück.

„Bitte, setzen wir uns doch hier hin, damit sie mir alles erklären können", sagte sie höflich.

Er setzte sich hin. „Vielen Dank. Bitte entschuldigen Sie meine Nachfrage. Ihr Gatte ist doch ebenfalls einverstanden?"

„Was bleibt ihm denn anderes übrig?"

„Na ja, es könnte ja sein, dass er es doch selbst versuchen möchte?"

„Das hat er ja nun schon oft genug getan", sagte sie entschuldigend.

„Ja, die meisten meinen, dass dies so einfach sei und man ohne Ausbildung den goldenen Schnitt erreichen würde. Sie wissen ja, dass dies nicht der Fall ist, eine Wunschvorstellung eben."

Etwas ratlos sagte sie: „Ja, Sie müssen es ja wissen."

„Dann lassen Sie uns doch einfach beginnen."

„Ja, wenn Sie mir sagen, was ich machen soll. Wie oder wo fangen wir an?"

„Überlassen Sie das nur mir, Frau Schmidt, bleiben sie ganz ruhig, Sie wissen ja, Erfahrung geht vor Dauerbeschuss. Es gibt zu viele Stümper. Den Experten kann man nicht ersetzen."

„So, so. Dann wollen Sie mir jetzt sicherlich als Experte sagen, wo's lang geht?" fragte sie ironisch.

„Nun man hat mir gesagt, ihre Lieblingsposition sei auf der Couch. Am besten machen wir es dort einmal, dann vielleicht in der Badewanne im duftenden Schaumbad mit

Krönchen und noch einmal im Himmelbettchen. Das soll ja so schön sein, hat man mir gesagt. Zum Abschluss dann vielleicht gleich nebenan im Park? Die Natur ist immer ein belebendes Element, das ist immer besonders fruchtbar. Das geht nicht nur Ihnen so."

Sie stand auf, hielt die Hände vors Gesicht, ging hin und her und schüttelte den Kopf: „Woher wissen Sie das denn alles von der Lieblingsposition, dem duftenden Schaumbad und dem Himmelbett?"

„Man hat so seine Quellen. Aber wissen Sie", dabei hielt er den Zeigefinger vor den Mund. „Pscht. Das ist geheime Kommandosache. Kundenwünsche werden immer diskret behandelt. Ich schweige wie ein Grab."

Sie empörte sich: „Werden wir vielleicht jetzt auch noch ausspioniert? Vielleicht durch die Kamera an den Bildschirmen am Fernseher oder am Computer?"

„Das würde ich so nicht sagen. Man sieht eben, was man sieht. Es ist ja nur zu Ihrem Besten. Sie sollen sich ja wohlfühlen."

Sie setzte sich wieder hin: „Das ist ganz schön viel verlangt. So oft haben wir es hintereinander aber noch nie versucht."

„Gut Ding braucht Weile, gnädige Frau. Wenn der Ständer steht, kommt es auf einmal mehr oder weniger nicht an."

Sie erschrak bei dem Gedanken: „Bei mir aber schon."

„Ja, garantieren kann ich nun auch wieder nichts, aber bei den vielen Versuchen wird es sicher einmal klappen", versuchte er zu beschwichtigen.

„Ich weiß gar nicht, wie ich mir vorkommen soll. So etwas hätte ich mir in meinen kühnsten Träumen nicht vorstellen können."

„Nun entspannen Sie sich doch wieder. Es kommt nur auf den richtigen Zeitpunkt an. Der Teufel liegt eben in der Technik, nicht im Himmelbett. Darf ich Ihnen ein paar Muster meiner Lichtkunst zeigen, vielleicht überzeugt Sie das."

„Was, Lichtkunst? Muster?", sie lachte etwas hysterisch, „das meinen Sie aber nicht im Ernst?"

„Doch gnädige Frau. Sehen Sie hier", er schlug das Fotoalbum auf, „sehen Sie sich diese Babys an. Sind sie nicht süß? Richtige Meisterwerke! Selbst die Herren der Schöpfung waren begeistert. Ist ja auch kein Wunder, bei so einem Engagement."

Aufgebracht hakte sie nach: „Engagement?"

„Na ja, so auf die Schnelle geht das bei mir nicht. Da brauche ich schon ein paar Stunden."

Sie fragte aufgelöst: „Ein paar Stunden?"

„Dafür werden sie auch ganz besonders schön. Sehen Sie hier, dieses Bild. Wir haben es auf der Veranda eines Gartenhäuschens gemacht."

Sie dachte erleichtert: Gut dass wir kein Gartenhäuschen haben.

„Oder dieses. Am hellen Tag auf der Wiese am Staden. Sie wissen schon, die Saar plätschert, warme Strahlen fallen vom Himmel ins weiße Winterbett. Sehen sie nicht, wie das Kind strahlt! Es leuchtet wie die Sonne. Wenn man seine Sache so gut versteht, wird alles zum Genuss."

„Am hellen Tag? Hat da niemand zugeschaut?"

„Nun ja, nur ein paar ältere Kinder. Jungs natürlich, wollten schon mal beim Zusehen üben. Ja, aber das Beste, was mir gelungen ist, sind diese Drillinge hier."

Sie schrie auf: „Was, Drillinge?"

„Ja, da sagt man dann hinterher aber auch, einmal ist keinmal. Nicht wahr? Ich hab sie auch an einem einzigen Wintertag gemacht. Allerdings nicht am Staden, sondern im Park hier gleich nebenan."

Sie stand auf, faltete die Hände und hielt sie in die Höhe. Verzweifelt rief sie: „Himmel Herrgott noch einmal, womit habe ich das verdient? Da wünsche ich mir doch direkt eine unbefleckte Empfängnis."

„Wissen Sie, das war ganz schön schwierig. Es gab fast einen Volksauflauf. Die Leute standen dicht gedrängt im Schnee, weil sie alles sehen wollten. Und dann kam auch noch eine Haselmaus und ist mir auf den Ständer gesprungen. Da musste ich abbrechen, weil die Perspektive verrutscht war. Am wichtigsten ist eben der Bildausschnitt. Können wir jetzt beginnen gnädige Frau, bevor es schneit?"

Er legte das Album beiseite und stand auf: „Im Schneegestöber hab ich noch nie etwas Gutes produzieren können. Außerdem habe ich noch andere Termine. Gut, dann geh ich jetzt den Ständer holen." Er ging in die Küche.

Frau Schmidt verzweifelte: „Das kann niemand von mir verlangen. Ich bin doch keine Gebärmaschine. Was kann ich nur machen? Ich hab's. Ich muss eine Petition verfassen gegen die staatliche Liebesergreifung. Ich verweigere den Vollzug."

In diesem Moment kam ihr Mann zur Tür herein, hörte den Satz und sah, wie sie mit den Armen fuchtelte. Er nahm sie in den Arm und sagte: „Was ist denn, mein Schatz. Was willst du machen? Eine Petition einreichen? Hast du etwa schlecht geträumt? Hast du eigentlich gewusst, dass Oma Edith uns einen Fotografen schickt, um von Rudi ein paar Fotos zu machen. Sie kann einfach nicht bis Weihnachten warten. Er wird sich übrigens als Weihnachtsmann bei dir melden", sagte der Ehemann.

Als am Heiligen Morgen der Notarzt kam

Als am Heiligen Morgen der Notarzt kam,
vergaß die Mutter das Backen.
Opas Beine waren auf einmal lahm,
wegen Weihnachten überkam ihn die Scham,
    denn er klackte so heftig die Hacken,
    dass die Knochen sich wehrten,
    und am Aufprall verzehrten.

Märsche hörte der Opa so gern, aufklang
Musik längst vergangener Tage,
die Berliner Luft er mit Leidenschaft sang,
gleichsam mit Tempo und Luft er rang.
    Berauscht von der Taktvorlage,
    schlug er zusammen die Schuhe,
    vorbei war die Festtagsruhe.

Der Schmerz traf ihn völlig unvermutet,
die Füße, den Rücken, die Beine,
er stürzte zu Boden, die Zehe blutet,
die Mutter um ärztliche Hilfe sputet.
    Die Kinder im Kerzenscheine
    gemeinsam hoben den Opa auf
    legten ihn auf das Sofa drauf.

Die falsche Musik am heiligen Morgen
den Ausschlag gab für den Schrecken.
Ach Opa so lieb, ach Opa voll Sorgen,
den anderen blieb Opas Scham verborgen,
    sie betteten ihn auf die Decken.
    Die Vorbereitung aufs Fest dahin,
    die Stimmung auch mitsamt dem Frohsinn.

Der Notarzt kam mit dem Martinshorn,
untersuchte den Korpus im Ganzen,
gebrochen war nichts, nur die Zehe vorn
er verband, jetzt überfiel den Opa der Zorn.
    Das Gefühl kam zurück in die Stanzen.
    Hätte er doch bloß viel mehr Verstand
    gehabt …als Soldat im Heimatland!

Der Opa versprach den Enkeln mit List,
Marschmusik nicht mehr zu spielen,
ganz besonders nicht, wenn Weihnachten ist,
dass er auch keine Fahnen mehr hisst.
    Er nickte, nicht ohne zu schielen,
    kreuzte rücklings die Finger heimlich und leis,
    denn kein Enkel ahnt, was ein Opa schon weiß!

So fiel das Gebäck dem Sturz zum Opfer.
Aus der Truhe das Tiefgefrorene
die Mutter holte, als Weihnachtsgansstopfer
das Nudelholz diente, Opa süffelte Klopfer,
    sang Lieder für's Neugeborene,
    dass es die tapfere Familie tröste,
    und ihn von der Schmach erlöste.

Moselfränkische Übertragung des Liedes „Fröhliche Weihnacht überall"
Melodie: Volksweise aus England, 19. Jhd. Verf. unbekannt

Iwarall is Weihnacht, freien eich

Iwarall is Weihnacht, freien eich,
schallt it durch de Luft, äm Littchin gleich.
Weihnachtston, Weihnachtsbòòm,
Weihnachtsduft, den jeda mòòn.
Iwarall is Weihnacht, freien eich
schallt it durch de Luft, äm Littchin gleich

Singen all dat Littchin mit,
singen foa de Sohn,
denn vom Himmel kummt dat Licht,
kummt vom Gottes Thron.

Iwarall is Weihnacht, freien eich,
schallt it durch de Luft, äm Littchin gleich.
Weihnachtston, Weihnachtsbòòm,
Weihnachtsduft, den jeda mòòn.
Iwarall is Weihnacht, freien eich,
schallt it durch de Luft, äm Littchin gleich.

Wenn da Weesch se dunkel is,
bischt dau usa Licht.
Wenn mia dia vatraun waatsch dau,
hascht deich schunn gericht.

Iwarall is Weihnacht, freien eich,
schallt it durch de Luft, äm Littchin gleich.
Weihnachtston, Weihnachtsbòòm,

Weihnachtsduft, den jeda mòòn.
Iwarall is Weihnacht, freien eich,
schallt it durch de Luft, äm Littchin gleich.

Wat mia gemach foa ana Leit,
is gemach foa deich,
dònn wäs jeda't Chrischtkindchin,
kimmt doch ach foa meich.

Iwarall is Weihnacht, freien eich,
schallt it durch de Luft, äm Littchin gleich.
Ein Gott, der Erd und Himmel schuf,
erlöste uns're Welt,
vom Himmel hallt der Engelsruf
den Hirten auf dem Feld.

So lasst uns alle weitergehn,
nach Bethlehem uns ziehn,
das Christuskind uns anzusehn,
uns vor ihm niederknien.

Deutscher Text zur Melodie "Greensleeves" von William Chatterton Dix 1865.

Wem ist das Kind

Wem ist das Kind, wo schläft es wohl?
Im Leib Marias will's schlafen.
Die Engel grüßen mit süßem Ton,
in seine Zeit sie eintrafen.
Dies, dies ist Christus König.
Ihm wacht die Garde, der Engelchor.
Preist, preist und singt ihm laut, ´
dem Kind, dem Sohn Marias.

Es liegt im Stall so kalt und arm,
wo Ochs und Esel lärmen.
Der Christen Heil, der Seelen Trost,
die stillen Worte wärmen.
Geht, seht des Sternes Strahl,
er fällt auf dich, auf mich herab.
Heil, Heil, das Wort ward Fleisch,
das Kind, der Sohn Marias.

So bringt ihm Silber, Gold und Myrrhe,
kommt her an Gottes Lohn denkt.
Den König aller Kön'ge preist,
ein liebendes Herz den Thron schenkt.
Ehrt, ehret, Gott in der Höhe,
die Mutter singt und wiegt ihr Kind.
Freut euch, Christus ist gebor'n,
das Kind, der Sohn Marias.

Das ist nicht mehr feierlich!

Am Heiligabend tröten Flöten,
Hausmusik ist heut vonnöten. -
Hans hält sich die Ohren zu,
hofft darauf, dass wieder Ruh.
Anschließend spielt auf der Geige
Onkel Alfred. - wie ich leide!
Und zu guter Allerletzt
ein Sopransolo aufkrächzt.
   Wenn 's so missglückt, frag nicht nur ich:
   Ist denn das noch feierlich?

Nach Hausmusik geht's ans Beschenken,
die Päckchen dir entgegen schwenken.
Überall türmt sich Papier,
aus eins mach zwei, aus drei mach vier.
Kinder ihre Gaben zählen.
Wer will sich mit Warten quälen?
Friede herrscht unter Geschwistern.
Vielen Dank sich alle flüstern.
   Wenn es zu viel, denk nicht nur ich:
   Das ist nicht mehr feierlich!

Wenn das Beschenken ausgesessen,
folgt ein opulentes Essen:
Küchengruß, Apéritiv -
hoffentlich geht auch nichts schief!
Meeresfrüchte, Rinderbrühe,
Mutter gibt sich große Mühe.
Weihnachtsgans und ganz zum Schluss,
kommt der süße Puddingkuss.
   Wenn es dann drückt, sag nicht nur ich:
   Autsch, das ist nicht feierlich!

Danach wird alles abgespült.
Der Hund im Durcheinander wühlt.
Die Kleinen brav zu Bett gebracht,
noch kurz erzählt, noch kurz gewacht.
Dem Onkel alles aufgetragen,
den Mantel an und hoch den Kragen.

Zur Mette geht's, die Nacht ist kalt,
die Glocken läuten, macht nicht halt!
Es klingen Schellen, Weihrauch haucht,
ein Engelsingen, Atem raucht,
dir sich die Botschaft anvertraut,
Lautes wird still, die Stille laut.
     Sein Geist kehrt ein, spürst du's wie ich?
     Mit Gott erst wird es feierlich! –

Weihnachtswunder

Es stand ein Kind im dünnen Kleid
neben Soldaten, die kampfbereit,
hat noch kein Licht, nur Leid geseh'n.
Es kam von weit, von Bethlehem.

Kennt keinen Frieden. Ringsumher
will jeder siegen seit alters her.
Ach betet all, die ihr beten könnt,
und tragt den Schall still durch den Advent

hin zu unserm Herre Christ, dass am heiligen Ort
er niemand vergisst, dass für alle dort
einmal Frieden sei und der Stern sie erhellt
beim Klang der Schalmei.

Überall auf der Welt, nicht nur in Bethlehem,
oh lieber Herre Christ, lass das Wunder gescheh'n.

Von Weihnachtspuppen und anderen Gaben

Ach was war das doch für eine heilige Nacht, wenn am Nachmittag Opa und Oma anreisten, um mit uns Kindern stundenlang Karten zu spielen, wenn wir uns miteinander vergnügten voller Vorfreude auf die anstehende Bescherung. Alle lachten, es gab keinen Streit und auch – gottlob – keine Diskussionen um Politik, die Nachbarn oder zurückliegende Ereignisse, von denen wir Kinder nichts wussten und sie zu erahnen uns völlig unmöglich war.

Die ausgelassene Fröhlichkeit kam von Herzen, nicht etwa, weil sich dies so gehörte, wie meine Mutter immer zu sagen pflegte. Heiligabend war etwas ganz Besonderes; friedvoller und harmonischer kam die Familie selten zusammen. Vielleicht war das auch der Grund, weshalb in der Bibel von der heiligen Familie die Rede war?

In diesem Jahr allerdings sollte es etwas anders kommen. Greta, unser Nesthäkchen, hatte sich eine Barbiepuppe mit Ballkleid gewünscht. Es war die sogenannte „Twiggy-Zeit", je dünner, je lieber.

Wir standen also im Halbkreis um den Tannenbaum herum, Mama, Papa, Oma Rose, Oma Mariechen, Opa Anton, Greta, Karlchen und ich, Mariechen, benannt nach meiner Großmutter mütterlicherseits, - so hatte es mir jedenfalls meine Mama erzählt.

„Alle Jahre wieder" hallte es im Wohnzimmer so inniglich, dass die Glocken zum Sopran meiner Mutter anfingen zu vibrieren. „Ihr Kinderlein kommet" stimmte Oma Mariechen mit kräftiger, durchdringender Stimme an, - die hatte sie sich als Vorbeterin des Rosenkranzgebetes und durch das viele Vorsingen bei den Bitt-Prozessionen erworben - zum Schluss erklang als familiärer Festgesang das obligatorische „Stille Nacht". Die „himmlische Ruh" klang in den Glocken noch nach, als es ans Beschenken ging.

Alle erhielten, was sie sich vorher gewünscht hatten. Denn Mutter ermahnte uns bereits am ersten Advent, dem Weihnachtspostamt eine Karte zu schicken, damit das Christkindlein auch wusste, wem es was zu schenken hatte und die Zeit ausreichte, dies alles zu besorgen. Zur Sicherheit sammelte Mama deshalb die Postkarten ein und brachte sie eigenhändig, wie sie uns versicherte, zur Poststelle nach Sankt Nikolaus. Sie hielt es für eine besondere Ehre, dem Christkindchen zur Seite stehen zu dürfen.

Mama bekam eine elegante Schmuckdose mit fein duftendem Puder und Quaste. Papa bekam eine Krawatte aus Seide, Oma Rose ein Bettjäckchen, Oma Mariechen eine Porzellanvase, Opa Anton eine Schachtel feinster Zigarren aus Kuba, Karlchen ein rotes Feuerwehrauto, ich Hausschuhe mit Pelzrand und Greta eine Puppe.

Die Puppe war jedoch keine Barbiepuppe, so ein langbeiniges, schlankes, langhaariges Twiggy-Püppchen mit hohen Schuhen und buntem Ballonkleid, nein, - und Greta wechselte die Farbe- , nein, es war so ein pausbackiges, braun gelocktes Ungetüm mit riesigen Kulleraugen, die sich hin und her bewegten, wenn es gedreht wurde. Es hatte auch noch flache Schuhe und ein grün kariertes Kleid an. Greta sah recht bedröppelt aus, fing fast zu weinen an.

„Gefällt dir die Puppe nicht?" fragte Mutter besorgt, da sie diesen Gesichtsausdruck nur allzu gut kannte.

„Doch, sie ist wirklich schön", schluchzte Greta, aber jeder im Raum wusste, dass dies nicht stimmen konnte.

„Da hat das Christkindlein sich aber viel Mühe gegeben", versuchte Oma Mariechen, sie aufzumuntern.

„Ganz bestimmt. Aber wahrscheinlich hat es meine Karte nicht gelesen", wandte die traurige Greta ein.

„Deine Karte? Etwa die, die du deiner Mama immer gibst?" fragte Oma Mariechen weiter.

„Ja, genau diese Karte. Ich hatte Barbiepuppe mit Ballkleid drauf geschrieben."

„So, so, eine Barbiepuppe", staunte Oma Mariechen und sah Mama bedeutungsvoll an.

„Greta, Barbiepuppen gibt es in Wirklichkeit doch gar nicht. Vielleicht hat das Christkind dir deshalb eine Puppe wie aus dem Leben geschenkt", meinte meine Mutter vorsichtig.

„Wie aus dem Leben?" fragte Greta.

„Ja, schau, die Frauen sind doch gar nicht so dünn wie dieses Modepüppchen. Wahre Frauen haben mehr Gewicht auf den Rippen. Schließlich sollen sie ja das Leben in die Welt tragen", versuchte Mama weiter zu erklären.

„Aber Mama, Maria mit dem Jesuskind ist immer nur schlank zu sehen. Sie hat nicht viel Gewicht, sie ist fast so dünn, wie eine Barbiepuppe", wandte ich nun ein.

„Das liegt daran, Mariechen, dass sie nichts zu reißen und zu beißen hatte. Maria und Josef waren arm, weshalb sie das Kind auch in einem Stall zur Welt brachte", schaltete sich nun mein Vater ein.

„Mama ist doch auch nicht so dick wie meine geschenkte Puppe", fiel Greta auf, immer noch voll Trauer über das falsche Puppengeschenk.

„Da hast du mal wirklich recht mein Kind. Deiner Mutter fehlen ein paar Pfund auf den Rippen", rief Opa Anton vom Sessel aus, zog genussvoll an der Zigarre und blies Kringel in die Luft.

„Ich halte nur Maß, Vater", rückte Mutter die Kritik zurecht, „es muss ja nicht jeder wie eine Dampfwalze durch die Welt laufen."

„Meinst du etwa mich"? fragte Oma Rose betroffen, „ich bin jedenfalls nur selten krank und habe meine Nerven im Griff, nicht so, wie die jungen Dinger heutzutage, die sich bis aufs Skelett abhungern, damit sie ihren Männern gefallen."

„Mama, hungerst du deshalb, um Papa zu gefallen?" fragte Karlchen voll Mitgefühl. Er fuhr sein Feuerwehrauto über der Couch spazieren und brummte vor sich hin.

„Karlchen, deine Mutter muss selbst wissen, wie viel sie wiegen soll. Von mir aus kann so noch zwei Kilo zunehmen", sagte Papa etwas gereizt.

„Dann magst du Frauen auch lieber, die mehr Gewicht haben?" fragte ich nun nach, weil ich die ganze Aufregung um das Gewicht meiner Mutter nicht verstehen konnte.

„Mariechen", sagte mein Vater jetzt, „ich liebe deine Mama so, wie sie ist, mit oder ohne Hüftgold."

„Warum versucht sie dann zu hungern?" fragte ich weiter.

„Ich hungere nicht", erregte sich Mutter nun, „ich esse so viel, wie ich kann."

„Dann bist du also auch keine Frau aus dem richtigen Leben?" befand Greta.

„Natürlich bin ich eine Frau aus dem richtigen Leben, auch wenn ich kein Übergewicht habe", beruhigte sich Mutter wieder.

„Gilt das nun wieder mir? Ich habe kein Übergewicht", entgegnete Oma Rose, „ich bin nur vollschlank."

„So, so, nennt man das jetzt so, wenn man sich nicht beherrschen kann und die halbe Schüssel Gebäck alleine auf isst", setzte jetzt Oma Mariechen nach.

„Es ist halt nicht jeder zur Bohnenstange geboren", verteidigte sich Oma Rose.

„Dann ist Maria ja gar nicht verhungert, sie ist nur so dünn, weil sie so auf die Welt gekommen ist", entfuhr es mir wie eine Blitzidee.

„Mariechen, Maria ist so dünn, weil Überfluss den Menschen selbst und anderen schadet", erklärte mein Vater jetzt.

„Warum hab ich dann so ein großes Biest bekommen anstatt eine schöne schlanke Barbiepuppe", fragte Greta völlig verunsichert.

„Vielleicht ist deine Puppe schwanger", sagte nun Opa Anton und blies noch mehr Kringel in die Luft.

„Du meinst, Opa, wenn die Puppe das Kind geboren hat, schrumpft sie zusammen?" fragte Greta.

„Puppen bekommen doch keine Kinder", verlachte sich Karlchen.

„Aber Mama, warum hat mir das Christkindlein denn so eine dicke Puppe geschenkt, wenn sie das Kind gar nicht auf die Welt bringen kann, das sie im Bauch trägt?" fragte Greta verzweifelt.

„Also", sagte Papa beschwichtigend wie immer in spannungsvollen Situationen, „die Puppe ist nur ein Spielzeug. Im richtigen Leben gibt es dünne, schlanke und vollschlanke Frauen, ganz so, wie es der liebe Gott bestimmt hat."

„Dann musste Maria gar nicht hungern. Sie war so schlank, weil der liebe Gott lieber dünne Frauen mag?" fragte ich.

„Mariechen, der liebe Gott liebt alle Menschen so, wie er sie erschaffen hat", betonte Vater noch einmal.

„Aber arme schlanke Frauen müssen ihr Kind im Stall zur Welt bringen", brachte ich meine Erkenntnis nun vor, „reiche dagegen im Himmelbett."

„Mariechen, das Christkind kam im Stall zur Welt, weil die Geburt in einem Himmelbett niemand gekümmert hätte", sagte mein Vater.

„Dann macht Gott die Menschen arm, damit andere sich um sie kümmern können?" fragte ich erwartungsvoll.

„Das ist die Nächstenliebe, Mariechen. Gott will nur prüfen, ob wir uns gegenseitig helfen", führte Vater weiter aus.

„Dann weiß er ja jetzt, dass ich lieber eine Barbiepuppe bekommen hätte", sagte Greta aufmüpfig.

„Bekommt Greta dann die Barbiepuppe noch, weil das Christkind sonst durch die Prüfung gefallen wäre, wo es doch im Himmel von gefallenen Engeln nur so wimmelt", fragte ich in die Runde.

„Feiern wir dann nächstes Jahr kein Weihnachten mehr, weil das Christkind ein durchgefallener Engel ist?" fragte Karlchen traurig.

„Natürlich feiern wir im nächsten Jahr wieder Weihnachten. Vielleicht braucht Greta nur etwas Geduld. Die heiligen drei Könige sind auch nicht am ersten Tag gekommen, um dem Jesuskind die Geschenke zu überbringen", versuchte Vater weiter, die Aufregung aufzulösen.

„Da ist es Greta ja so ergangen wie dem Jesuskind. Steht deshalb in der Bibel, eher geht ein Kamel durch ein Nadelöhr als ein Reicher in das Reich Gottes?" brach es aus mir heraus.

Weihnachtszeit in Köllerbach

Dezember. Der Winter wirft die weißen Flocken
über das Zitterspiel von wilden Tieren.
Christrosen im Schnee Konturen verlieren,
Landschaften im Gestöber blitzen und flimmern.
Unter der Schneelast Äste bittern und wimmern,
biegen sich, knarzen, verlieren erste Brocken.

Weihnachtsmarkt. Der Burgplatz gähnt, Feuer brennt
in der Frühe, Händler fachten es an, errichteten Stände,
stellten Tischreihen auf, sortierten die Bestände,
der Waren, dekorierten, Lichter blinken
mit Ampeln um die Wette. Kinder staunen, winken
hinter Pferdekutschen her und singen. Es ist Advent.

Heiligabend. Die Mütter backen, braten, dünsten,
Tannenbäume geschmückt mit Kerzenlicht,
Familien spielen Mensch-ärgere-dich-nicht.
Wenn Glöckchen klingeln, ruft zur Krippe das Kind,
alle versammeln sich und beten, denn gesegnet sind,
die da loben und preisen, sich üben in Sangeskünsten.

Mitternacht. In die Metten pilgern zahlreiche Christen,
die Orgel spielt, Priester in Festgewändern glänzen,
Ochs und Esel bewachen hinter hohen Fenzen
das Jesuskind, Maria und Josef knien betend davor.
Den Gottesdienst begleitet festlich der Kirchenchor.
Das Wort Gottes verkünden die Evangelisten.

Heilige Nacht

In dieser stillen Nacht die Engelschar
mit Flügeln ihre hellen Töne schwingen
ins Erdenreich, das im hohen Klingen
des himmlischen Gesangs dem Menschenpaar

im Stall, da die Frau ein Kind gebar,
Sternen fleht, zum Leuchten sich zu bringen,
dass Funken auf die Seelen überspringen
voll hehrer Freude, denn es wurde wahr,

was einst Johannes uns verheißen hat:
dass einer kommt aus einer andren Welt,
dem er die Füße wäscht, zu Boden fällt,

was laut und mächtig scheint und satt.
Maria ihn voll Ehrfurcht an sich schmiegt,
das Heil der Welt in ihren Armen wiegt

Hier ist heut Nacht ein Kind geboren

Wie war es gestern doch so kalt,
es zitterten die Bäume,
als in der Nacht über mir's schallt,
dacht' ich, dass ich wohl träume.

Glitzern im Dunkeln überall,
ein Feuerwerk aus Licht,
als fielen Strahlen aus dem All,
als ob der Himmel bricht.

Und plötzlich sang und klang es hell
aus Höhen wie ein Chor,
als wenn Engel geflogen schnell
zu uns durch's Himmelstor.

Bei meinen Nachbarn brannte Licht,
die Frau bekam ein Kind.
Sie wartet lange unverricht', -
bis sie die Hebamm' find.

Ein Auto hält, jemand steigt aus
und klingelt an der Tür.
Die Tür geht auf, die Tür geht zu,
ganz seltsam wurd es mir.

als wenn ein Kind bringt diese Nacht,
wie damals zu der Zeit,
als hoch der Engelchor gewacht
am Himmelssaum von weit.

Ich sehe hoch, der Himmel blitzt

und schimmert voller Schnee.
Ein Kindchen schreit, ein Kindchen lacht,
die Frau stöhnt noch voll Weh.
Hier ist heut Nacht ein Kind geboren,
wie damals zu der Zeit,
als Ochs und Esel bei ihm froren,
und Sterne blitzten weit.

Es klirrt noch immer hell und zart,
der Weg wird langsam weiß.
Der Winter hat sich aufgespart,
jetzt schickt er uns sein Eis.

Allezeit Weihnachten

Damals zu der Zeit, als die Jungfrau Maria schwanger wurde, gab es noch keine Gesetze, die nichtehelichen Kindern die Zugehörigkeit der väterlichen Abstammung verweigerte und sie zu illegitimen Verwandten degradierte oder gar als rechtlose Bastarde brandmarkten. Diese Zeit ist mit dem vorigen Jahrtausend vergangen.

Heute gibt es in unserem Land Gentests, das Recht des Kindes, seine genetischen Eltern zu kennen, Erbrecht für alle Kinder, ob adoptiert, künstlich befruchtet, alleinerzogen oder sonst wie anders geboren und aufgewachsen. Es gibt bei uns den Anspruch auf Unterhalt, Kindergeld und Waisenrente. Heute ist alles geregelt. Auch die Kinderlosigkeit. Sie ist weit verbreitet.

Damals nahm Josef seine Maria in sein Haus auf und begründete damit nach damaliger Sitte eine Familie mit ihr. Josef nahm ein Weib an, das er selbst nicht begattet hatte. Ein heiliger Geist war ihm zuvor gekommen. Es war kein anderer als eben der Schöpfer dieser Welt, der ihm damit kundtat, dass er für die Neugeburt des Göttlichen Josefs Anvertraute ausgesucht hatte.

In den Zeiten des Absolutismus ahmten ihn die Fürsten und alle Herrschenden über Leibeigene nach. Sie nahmen sich das Recht, die Hochzeitsnacht mit der Braut des Leibeigenen zu verbringen.

Heute tun es fast alle schon lange vor der Heirat. In der eigenen oder gemeinsamen Wohnung, in Hotels, auf Parkbänken, im Wald, im Auto, im Fahrstuhl, auf der Toilette und wer weiß wo noch überall. Die Entjungferung ist kein heiliger Akt, der das Göttliche der natürlichen Ordnung erlebbar machen würde. Sie ist eine Lebenserfahrung junger Teenager, über die man in der Peergroup diskutiert, ob die angewandten Sexualpraktiken auch lustvoll waren und zum Höhepunkt führten.

Josef war ein Handwerker, ein Zimmermann, kein Gelehrter oder gar Herrscher. Er hatte keinen besonderen Status, keinen Doktortitel, keine Macht über andere. Er war nur ein junger Mann, der eine junge Frau liebte. Von diesem Mann forderte der Schöpfer der Welt, dass er die geliebte Frau nach damaliger Sitte heiraten sollte, weil sie schwanger war, zwar nicht durch einen körperlichen Liebesakt, sondern durch seinen Geist und Willen.

Die göttliche Botschaft ließ er von einem Engel überbringen. Das zweite Wunder, einem Engel wahrhaftig zu begegnen, hatte er diesem Zimmermann zugedacht. Er traute ihm zu, dass seine Liebe für Maria die vermeintliche Schmach aushalten und überstehen würde. Und Josef leistete Beistand, gab dieser jungen schwangeren Frau Schutz vor der Gesellschaft.

Im ersten Jahrtausend waren solche einfachen Leute gar nicht heiratsfähig. Sie gründeten ein Konkubinat, in dem sie einfach zusammenzogen, eine Gemeinschaft auf Zeit bildeten. Im vorigen Jahrtausend war der Zugang zur Ehe genau geregelt. Man heiratete immer Menschen aus der gleichen gesellschaftlichen Schicht.

Es gab viele nichteheliche Kinder, die in irgendwelchen Klöstern oder bei Fremden aufwuchsen, um die wahre Herkunft zu verschleiern. Eine schwangere Frau, die nicht geheiratet wurde, war ein gefallenes Mädchen, eine Unzüchtige, die in eine Besserungsanstalt gebracht wurde, um ihr die Liebe auszutreiben, im Namen Gottes.

Heute wird oft erst geheiratet, wenn das Kind so groß ist, dass es den Hochzeitsschleier seiner Mutter tragen kann oder überhaupt nicht. Nichteheliche Lebensgemeinschaften sind den ehelichen im wirtschaftlichen Sinn fast gleichgestellt.

Mit der Bitte, die er an Josef richtete, sich nicht zu fürchten und Maria zu sich zu nehmen, gab er auch zu verstehen, dass alle Frauen, die neues Leben in sich tragen, auserwählt sind, menschliches Leben weiterzugeben zum Fortbestand der Menschheit, ob verheiratet oder unehelich.

Gott suchte keine verheiratete Frau aus, denn es wäre nicht aufgefallen, dass diese Schwangerschaft nicht vom Ehegatten herrührte. Niemand hätte an einen heiligen Geist geglaubt. Das göttliche Erbgut konnte nur von einer jungen, ledigen Frau empfangen werden. Nur sie war nach damaliger Sitte rein und keusch. Hätte Gott geahnt, dass die von ihm ausgesuchten und ihm nachfolgenden Priester, denen er aufgetragen hatte, eine Kirche zu bauen, nichteheliche Mütter als Sünderinnen demütigen würden, der Diskriminierung und gesellschaftlichen Misshandlung preisgeben würden, hätte er womöglich keine Jünger und Apostel ausgewählt, sondern Jüngerinnen und Apostelinnen.

Wäre Maria heute schwanger geworden und hätte ein nichteheliches Kind geboren, müsste die junge Mutter dem Arbeitsmarkt zur Verfügung stehen, damit sie einen Anspruch auf Elterngeld hätte.

Die Verweigerung der Berufstätigkeit würde durch die Aberkennung des Elterngeldes sanktioniert werden. Ob sie nun einen Josef an ihrer Seite hätte oder nicht begäbe sich eine Mutter, die ihr Kind selbst erziehen wollte, auf die Seite wirtschaftlicher Not und Verarmung und unterzöge sich damit auch noch dem Generalverdacht, sich selbst nur ein schönes Leben gönnen zu wollen bzw. ihr Kind durch die eigene Erziehung systematisch zu benachteiligen oder gar zu vernachlässigen. Die Herbergssuche gleicht heute dem Gang zum Sozialamt.

Die Weihnachtsgeschichte bedeutet auch, dass die Geburt eines jeden Kindes über das geltende Recht, über die Sittenlehre der jeweiligen Zeit hinausweist. Die Schöpfung jeden Lebens ist immer ein gesegneter Akt, denn sie folgt der natürlichen, von Gott gegebenen Ordnung. Jede Geburt vollzieht den göttlichen Willen der Schöpfung. So gesehen ist Weihnachten überall zu jeder Zeit auf unserer Erde, alle Tage, alle Stunden, alle Minuten, kurzum allezeit, in der neues Leben zur Welt kommt.

Die Botschaft

Es war als würden Engel stürzen
durch alle Zeiten in unsre Erdenwelt,
den Leidensweg der Menschen zu verkürzen,
denn Licht, heller als Licht, über dem weiten Feld

die Hirten sahen nachts bei ihren Schafen;
sie standen auf und trieben ihre Herden
nach Bethlehem, den Engelchor sie trafen,
Gottes Sohn sollte geboren werden.

Doch alles was sie schließlich fanden
war eine Hütte mit einer Futterkrippe,
in der Maria, Josef und die Tiere standen,
das Kind lag im Stroh gebettet in der Wippe,

und Ochs und Esel schnauften wie die Kühe,
damit das Kind vor Kälte nicht erfror.
Der Morgenstern erhob sich aus der Frühe,
der Himmel läutete den Glockenchor,

der Knabe streckte spielerisch die Hände,
verwob der Mutter langes Schulterhaar.
Als ob die Schöpfung noch einmal erstände,
wurd' es den Hirten und der Welt gewahr:

hier lag ein König ohne Kron' im Stroh
und sah die Mutter, die ihm auserkoren;
hoch über ihnen flammte heil'ge Loh,
Der Menschen Heil im Stall war neugeboren.

Oh käm zu uns noch einmal einer

Oh käm zu uns noch einmal einer
der seinen Himmel senkt
für unsre Welt voll Finsternis

oh käm zu uns noch einmal einer
der seine Güte lenkt
in diese Welt voll Bitternis

ach hell erstrahlten alle Sterne
im Hof des Sterns der einen Nacht
und über uns glühte von ferne
das Gotteslicht zur ewigen Wacht

doch welcher Raum wär ihm bereitet
welch Krippenplatz für ihn bestimmt
ihn der die Not in Freude leitet
der uns die Angst zu leben nimmt

oh Christ gedenke deines Höchsten
der dich befreite aus der Nacht
der dir den Engel schickt als Nächsten
auf deinem Weg zur ewigen Pracht

Vieni Gésu, reste per noi

Nicht die Gebirgsregion ist das Besondere, der historische Hintergrund, das internationale Flair, das Kaiser Franz Josef und Kaiserin Elisabeth von Österreich hinterlassen haben, auch nicht die fünfzehnhundert Höhenmeter des Trentiner Städtchens, selbst der Pelzmantel nicht, der fast überwiegend getragen wird, sowohl von eleganten als auch weniger eleganten Signoras und Signorinas, hier mitten im Naturpark Adamello Brenta, wo der Braunbär noch zu Hause ist, weht der eigentümliche Atem der Madonna, der Urlaubsort, der auch ihren Namen trägt:: Madonna di Campiglio.

Eine kleine Gemeinde versammelt sich in der neuen, am antiken Bau angelehnte Kirche, an diesem Platz, an dem einst Joseph Österreicher residierte. Gemessen an der Zahl der Touristen, zuweilen zählt man an die vierzigtausend Gäste, ist der christliche Kreis, der sich regelmäßig zur Liturgie trifft, verschwindend gering. Etwa fünfhundert Plätze bietet der Neubau.

Der Stil erinnert eher an einen Saalbau, konisch auf den Altar hin zulaufend, dessen linke Hinterwand ein großes Gemälde des Kreuzweges ziert. Bis zur Decke hin spitzt sich rechts daneben ein viereckiges, etwa achtzig Zentimeter breites Gemäuer zu, das in einem imposanten, vielfarbigem Stern die Monstranz birgt.

Signore Gésu ist hier und man spürt mit dem Betreten dieser Stätte eine spirituelle Ruhe, den heiligen Geist. Er überträgt sich auf die Gottesdienstbesucher und schafft unmittelbare Nähe.

Die katholische Kirche ist universal, was Fremden erlaubt, an Gesängen und Gebeten teilzuhaben, auch wenn man die italienische Sprache nicht beherrscht. Ritus und Liturgie verbinden Gottesgläubige aus aller Welt.

Anders als in deutschen Messen werden sie auch direkt in deren Zelebrieren miteinbezogen. Der schon ältere Padre geht vor Beginn behutsam auf die ersten Reihen zu, spricht einige von ihnen an und findet immer genug Personen für die Lesungen und Fürbitten. Selbst das Austeilen der Kommunion wird einem Laien mit anvertraut. Die notwendigen kirchlichen Weihungen verleiht ein ihnen umgehängtes Kreuz.

In der Predigt verkündigt der Padre am Neujahrstag 2003 die Worte des Papstes Johannes Paul II. zum Weltfriedenstag Außerhalb des Kirchengebäudes hängen in den umliegenden Ortschaften verstreut einige bunte Flaggen mit dem Aufdruck „Pace".

Nach dem Opfergang bittet der Padre vier Kinder zu sich, fragt am Altar nach ihren Namen und stellt sie der Gemeinde vor. Während des „Vater Unser" halten sie sich an den Händen und bilden eine Gebetskette. Danach wünschen sich die Gottesdienstbesucher gegenseitig „Pace".

Der Padre löst sich von den Kindern und geht auf die Gläubigen zu, um einigen die Hand zu reichen. So werden im Handumdrehen aus Besuchern Mitgestalter ohne vorherige Proben. Denn Messdiener gibt es keine. Gerade mal ein Dutzend Kinder empfingen 2002 die erste heilige Kommunion. Ihre Bilder sind am Eingang ausgehängt.

Wenn am Ende der Messe das Gottesvolk „vieni Gésu, reste per noi" singt, liegt der Segen Christi auf allen, die zu ihm gebetet haben. Spirituell bereichert verlassen sie die Kirche mit jenem heiligen Hauch, den einst die Madonna verströmte.

Bücher von Vera Hewener

Vermisstenanzeige. Gewidmet den ermordeten Juden des Naziregimes. Lyrik und Prosa. Vera Hewener. Libri BoD. Norderstedt 2000. ISBN 3-8311-0748-3. 2. erw. Auflage 2014. ISBN 978-3831107483.

Lichtflut. Reisenotizen. Lyrik und Prosa. Vera Hewener. Norderstedt 2001. ISBN 3-8311-1493-5. 2. Auflage 2014. ISBN 987-3831114931.

Eine Neigung aus Blau. Gegenwartslyrik. Vera Hewener. Norderstedt 2002. ISBN 3.8311-3334-4. 2. Auflage 2014. ISBN 9783831133345

Bist Himmel mir und tausend Feuerfunken. Gedichte. Vera Hewener. Mauer Verlag. Rottenburg a/N. 2003. ISBN 3-937008-46-2.

Verwirbelungen der Zeit. Vera Hewener. Lyrik mit Bildern von Carolin Isele. WiKu Éditions Paris E.U.R.L. Paris und WiKu Verlag KG Berlin 2005. ISBN 3-86553-203-9.

Es kommen andere Ewigkeiten. Gedichte. Vera Hewener. WiKu Édition Paris ISBN 2-84976-0188 WiKu Verlag 2007. ISBN 978-3-86553-189-6.

Himmelsstürme. Vera Hewener. Gedichte mit Fotografien. edition Wort Verlag Bitburg 2010. ISBN 978-3-936554-00-3.

Das Jahr: Dichtung in vier Sätzen. Vera Hewener. Gedichte mit Fotografien. BoD Books on Demand Norderstedt 2013. ISBN 978-3-7322-3168-3.

Zaubervolle Winterwelt. Gedichte, Geschichten, Notizen. Vera Hewener. Verlag BoD Books on Demand. Norderstedt 2014. ISBN 9783735761262.

Frühlingsserenade. Die schönsten Gedichte, Geschichten und Notizen zur Frühlingszeit. Vera Hewener. Verlag BoD Books on Demand. Norderstedt 2015. ISBN 978-37347-3140-2.

Die Blüte des Sommers. Sommeranthologie. Die schönsten Gedichte, Geschichten und Kalendernotizen. Vera Hewener. Verlag BoD Books on Demand. Norderstedt 2015. ISBN 978-3-7347-89540.

In der Saar schwimmen keine Krokodile. Gegenwartslyrik & Texte. Vera Hewener. Verlag BoD Books on Demand. Norderstedt 2015. ISBN 9783738635676

Von Lorraine nach Aquitaine. Reisenotizen in Lyrik und Prosa. Vera Hewener. Verlag BoD Books on Demand. Norderstedt 2016. ISBN 9783741210860.

Du trocknest meine Tränen wieder. Religiöse Lyrik & Texte. Vera Hewener. Verlag BoD Books on Demand. Norderstedt 2016. ISBN 9783743113589.

Zaubervolle Jahreszeiten. Der Frühling. Vera Hewener. Verlag BoD Books on Demand. Norderstedt 2017. ISBN 9783743125117.

Aus meinem Federkiel. Magische Momente. Natur & Seele. Gedichte. Vera Hewener. Verlag BoD Books on Demand. Norderstedt 2017. ISBN 9783744870511.

Zaubervolle Jahreszeiten. Der Sommer. Vera Hewener. Verlag BoD Books on Demand. Norderstedt 2017. ISBN 9783744870993.

„Kerzen, Wunder, Himmels-Zunder". Vera Hewener. Lustige und besinnliche Geschichten und Gedichte zur Advents- und Weihnachtszeit. Verlag BOD Books on Demand. Norderstedt 2017. ISBN 9783744893824. 2. Auflage 2019 ISBN 9783738629682.

Die Jahreszeiten: Auslese. Gedichte. Vera Hewener. Verlag BOD Books on Demand. Norderstedt 2018. ISBN 9783738636017

Werkausgabe Band I. Frühe Gedichte 1970-1999. Verlag BOD Books on Demand. Norderstedt 2018. ISBN-13: 9783746025292

Kinder, Hund, Familienbund. Lustiges, Tierisches und Allzumenschliches in Lyrik und Prosa. Vera Hewener. Verlag BOD Books on Demand. Norderstedt 2018. ISBN 9783746056821

Zaubervolle Jahreszeiten. Der Herbst. Vera Hewener. Verlag BoD Books on Demand. Norderstedt 2017. ISBN 9783752842135

Christnacht, Glocken, Engelslocken. Gedichte und Geschichten zur Weihnacht. Vera Hewener. Verlag BoD Books on Demand. Norderstedt 2018. ISBN 9783748107637.

In der Saar feiern die Fische. Gegenwartslyrik & Szenen. Vera Hewener. Verlag BoD Books on Demand. Norderstedt 2018. ISBN 9783732237142